AF498321

LE CHEVALIER DU TEMPLE,

DRAME EN CINQ ACTES,

PAR

MM. ALBERT ET F. LABROUSSE;

MUSIQUE DE M. CHAUTAGNE; MISE EN SCÈNE DE M. GRANDVILLE;

DIVERTISSEMENT DE M. LALUYÉ.

Représenté pour la première fois, à Paris, sur le théâtre de l'Ambigu-Comique,
le 14 avril 1838.

DISTRIBUTION DE LA PIÈCE:

Montano D'ALMANARE, chevalier du Temple...	M. Saint-Ernest.
BÉATRIX, sa fille..........................	Mme Gautier.
Hugues DE MERSEBOURG, chef des Bourguignons.	M. Roger.
Alexandre DE VAUDEMONT, légat du St-Siège.	M. Cullier.
URBAIN,	M. Albert.
Reynold DE BRISSAC, } jeunes seigneurs avi-	M. Armand.
Bérald DE CASTELNAU, } gnonais,	M. Saillard.
Loïs DE VILLENEUVE,	M. Joseph.
BEAUMANOIR,	M. Monnet.
ROCHEFORT, } Templiers.........	M. Delaunay.
René DE HAUTEVILLE,	M. Barbier.
LA MOLE,	M. Duvillard.
CONRAD, officier bourguignon...............	M. Anatole Gras.
ISTEIN, idem.....................	M. Charles.
ROBERT, écuyer de Montano................	M. Garcin.
Un Écuyer du Temple.....................	M. Clairville.
Un Page du Temple......................	Mlle Héloïse.
Premier Homme du peuple.................	M. Salvador.
Deuxième Homme du peuple...............	M. Ulysse.
Un Geôlier.............................	M. Gilbert.
Un Chef d'escouade bourguignon............	M. Eugène.
Un Aide du bourreau....................	M. Boucher.
Une Femme du peuple...................	Mlle Laure.

Templiers, Écuyers, Servants d'armes, Pages du
Temple, Chefs et Soldats bourguignons, Mé-
nestrels, Danseurs et Danseuses, Hommes et
Femmes du peuple.

La scène est à Avignon, en 1282.

Nota. La disposition des scènes permet à MM. les directeurs de province d'employer
deux acteurs seulement dans *sept* rôles de cette pièce.

ACTE PREMIER.

A la Commanderie d'Avignon. Une grande salle; porte à droite donnant sur une galerie; porte à gauche au troisième plan; deux hautes fenêtres. Au fond de la salle, un fauteuil élevé; de chaque côté de ce fauteuil, des degrés sur lesquels il s'appuie; six sièges rangés en demi-cercle. Trophées d'armes, drapeaux sarrasins; contre les murailles du fond, la bannière de l'ordre du Temple, le *Beauséant.*

SCÈNE I.

Un Écuyer, un Page, Écuyers, Pages.

L'ÉCUYER.

Tout est disposé dans cette salle où se tient le conseil... maintenant, page d'Héristal, allez avertir les chapelains... dites-leur que les chevaliers ne tarderont pas à se mettre en prières.

(Le page sort.)

LE PAGE.

Sire écuyer, nous saurons enfin aujourd'hui quel sera le nouveau chef de la Commanderie d'Avignon ?...

L'ÉCUYER.

Si Dieu le veut : attendons avec confiance, mais il est temps que le Commandeur choisi par ses frères, ou nommé par le Grand-Maître Villiers de l'Isle-Adam, monte au siége si glorieusement occupé par le noble Enguerrand.. Enguerrand est mort il y a trois mois... En attendant son successeur, le sire de Beaumanoir a continué son œuvre de sagesse et de vertu... mais Beaumanoir est affaibli par les années ; il veut résigner son autorité provisoire... d'ailleurs les statuts de l'ordre du Temple sont formels... le siége du Commandeur ne peut rester vacant plus de trois mois ; aujourd'hui, expire le terme de rigueur... (On entend des voix confuses au-dehors.) Qu'y a-t-il ?

(Son de trompe.)

LE PAGE, après avoir regardé à une fenêtre.)

Une nouvelle ordonnance au nom du gouverneur d'Avignon... Hugues de Mersebourg ne laisse guère de trève au peuple qu'il a vaincu...

L'ÉCUYER.

Silence, enfant !... l'ordre du Temple est en paix avec le chef bourguignon...

LE PAGE.

Malheureuse Provence !... ses enfants n'ont pas su la défendre !...

L'ÉCUYER.

Page, nous étions en Palestine lorsque les soldats de Bourgogne descendirent les bords du Rhône...Obéissance aux volontés de Dieu !...

Bruit au-dehors plus rapproché. Cris confus, son de trompe. — Les écuyers et les pages se pressent aux fenêtres.)

UN CRIEUR, au-dehors.

« Habitants d'Avignon, écoutez !... au nom « du très puissant baron Hugues de Merse-« bourg ! tous ceux qui n'auront pas acquitté « aujourd'hui même la nouvelle taxe seront « livrés corps et biens au pouvoir du gouver-« neur.... »

(Nouveau bruit qui s'éloigne et se perd graduellement.)

LE PAGE.

Que dites-vous de ceci, Écuyer ?...

L'ÉCUYER.

Je dis que je regrette la Palestine, et nos batailles autour du Saint-Sépulcre... Mais, à notre poste !.. (Entre Rochefort.) Et salut à l'illustre frère de Rochefort !...

(Tous s'inclinent en passant devant Rochefort, qui, les bras croisés, les salue d'un signe de tête et les regarde s'éloigner.)

SCÈNE II.

ROCHEFORT. Il garde un instant le silence.

Encore une heure... un siècle d'attente in-quiète, avant de savoir ma destinée !... Au moment de toucher au but peut-être, il me semble que je le vois s'éloigner davantage, il me semble que ces ressorts mis en œuvre avec tant de soins et de persévérance vont se briser contre un accident imprévu, contre quelque circonstance de hasard !... Être Commandeur de l'ordre !... dominer cette foule de chevaliers qui aujourd'hui marchent mes égaux.... ce serait beau !... Depuis dix ans je poursuis ce rêve avec ardeur, avec passion !... et toujours lorsque la place ambitionnée se trouvait vide, j'ai vu cet étendard (montrant le *Beauséant.*) s'incliner sur le front d'un rival plus heureux !.... L'intrigue m'a vaincu !... et dans mon impatience si souvent trompée, c'est sur l'intrigue que je me suis enfin appuyé... j'ai sollicité des voix amies... j'ai moins parlé de mes services, de mes droits, j'ai fait plus de promesses !... L'ambition m'a courbé devant chacun de mes frères, moi, soldat indomptable, qui aurais voulu disputer l'épée à la main ce noble titre de commandeur !... Et si tout cela ne me sauvait pas d'une nouvelle défaite !... si un autre !...

(Il s'arrête et paraît plongé dans ses réflexions.)

SCÈNE III.

ROCHEFORT, LA MOLE.

LA MÔLE, lui frappant sur l'épaule.

Frère de Rochefort !...

ROCHEFORT.

C'est vous, La Môle !... Eh bien ! quelles nouvelles ?...

LA MÔLE.

Plus que jamais vous devez espérer...Tous nos frères sont convaincus qu'à vous seul il appartient de prendre en main l'autorité dans ces circonstances difficiles... Amollis par le repos, ils savent que vous n'irez pas remettre en vigueur les réglements sévères que le temps a affaiblis.

ROCHEFORT.

Vous avez bien fait d'insister sur ce point, La Môle... Et Beaumanoir ?...

LA MÔLE.

Beaumanoir, rigide observateur de toutes nos coutumes, use le temps en de vaines cérémonies... Dieu veuille qu'il ne retarde pas plus long-temps l'élection attendue !...

ROCHEFORT.

Que voulez-vous dire ?...

LA MÔLE.

Je veux dire que demain, peut-être, vous verriez s'élever devant vous des obstacles imprévus.... Écoutez.... Trois-cents chevaliers du Temple sont arrivés à Marseille.... Ils viennent de Jérusalem où se trouve le grand-maître.... L'un d'eux est, dit-on, chargé par Villiers de l'Isle-Adam, de messages secrets, d'instructions importantes.... c'est le frère Montano d'Almanare !...

ROCHEFORT.

Montano !...

LA MÔLE.

Lui-même... Vous savez quelle est l'influence de sa renommée.... Et qui sait, si déja certain de la sanction du Grand-Maître, sans laquelle rien ne peut être fait, Montano ne revient point ici dans l'espoir d'attirer à lui tous les suffrages... peut-être même secrètement maître d'un pouvoir que vous briguez....

ROCHEFORT.

Oh ! non, c'est impossible ! aucun message n'est arrivé qui puisse nous faire soupçonner... Montano d'ailleurs serait déja dans Avignon.

LA MÔLE.

Il se hâtera de s'y rendre... Vous ne savez donc pas quelles affections l'y attirent ? Vous ignorez donc qu'avant d'entrer dans l'ordre du Temple, Montano, renommé pour sa science et son courage, était devenu l'époux de l'héritière de l'illustre maison d'Héberard... La mort lui enleva son épouse !.... Accablé de douleur, proscrit par Hugues de Mersebourg qui redoutait son influence, il se réfugia dans l'Ordre du Temple, laissant à Avignon sa fille qu'il aime d'une tendresse profonde !.... Pensez-vous que revenu en France, et le terme de son exil arrivé, il ne s'empressera pas de rentrer dans Avignon, d'accourir auprès de sa fille, de briguer enfin un pouvoir...

ROCHEFORT.

Vous avez raison, La Môle... mais il arrivera trop tard : voici nos frères...

SCÈNE IV.

LES MÊMES ; BEAUMANOIR, TEMPLIERS, ÉCUYERS et PAGES.

(Beaumanoir s'avance lentement suivi des Templiers, des pages et des écuyers. En passant devant le *Beauséant*, il s'incline profondément, ainsi que ceux qui l'accompagnent. Beaumanoir s'assied sur le siége le plus élevé. Six Templiers occupent les siéges rangés autour de l'estrade... Les autres restent debout, les bras croisés, et dans une attitude respectueuse.)

BEAUMANOIR.

Écuyers, pages, servants d'armes, veillez audehors, aux portes de cette enceinte, et que nul n'y pénètre, s'il n'appartient à l'ordre du Temple... (Les écuyers et les pages se retirent. Les portes se referment.) Mes frères, vous allez bientôt me suivre dans la chapelle de la Commanderie. Là, nous éleverons nos prières vers le ciel, et nous demanderons à Dieu de nous inspirer un choix honorable et digne... Au retour, le bâton de commandement sera remis à un de vous, et je déposerai en des mains plus fermes cette autorité que la mort d'Enguerrand fit tom-

ber temporairement dans les miennes... Puisse le successeur d'Enguerrand raviver, dans cette Commanderie, les saintes coutumes des temps anciens, et arrêter la décadence que nous amènent un fatal esprit de discorde et l'oubli des lois vénérables de l'ordre !... (On entend des murmures dans les rangs des Templiers.) Ces murmures justifient mes pensées douloureuses !... Puisse-t-il enfin surgir au milieu de nous un de ces hommes dont le génie fait des miracles !... Et maintenant, qu'il me soit permis d'user une dernière fois de cette autorité qu'un autre exercera bientôt... Prêtez-moi assistance pour appeler au rang de chevalier le jeune écuyer de Hauteville !... Hauteville a vu finir son noviciat... mes conseils l'amenèrent dans le Temple : il me sera doux de lui donner place dans vos rangs !... A moi donc, mes frères, et à l'ordre !..(Les chevaliers posent la main droite sur la garde de leurs épées, la gauche sur leur poitrine.) Que celui qui va venir parmi nous vive et meure pour la gloire du Saint Temple !... (Tous les Templiers s'inclinent.) Frères gardiens, veillez au Nord, au Midi, à l'Orient et à l'Occident !... (Quatre Templiers se placent aux quatre angles de la salle.) Frère servant, que le récipiendaire soit introduit par vous !...

(Le frère servant sort. Moment de silence. — On entend frapper trois coups à la porte. Un chevalier se détache et va vers la porte.)

BEAUMANOIR.

Qui frappe ?

LE FRÈRE SERVANT.

Un écuyer qui demande les éperons.

BEAUMANOIR.

Son nom ?

LE FRÈRE SERVANT.

René de Hauteville.

BEAUMANOIR.

Qu'il entre.

SCÈNE V.

LES MÊMES, DE HAUTEVILLE.

(Entrent le frère servant et de Hauteville : celui-ci est sans armes et sans manteau. Le frère servant le conduit devant Beaumanoir. De Hauteville met un genou en terre.)

BEAUMANOIR.

Sire écuyer, que voulez-vous ?

HAUTEVILLE.

Les éperons de chevalier.

BEAUMANOIR.

Quels sont vos titres ?

HAUTEVILLE.

Cinq ans de noviciat, et ma part dans dix batailles contre les Infidèles...

BEAUMANOIR.

Quel est le double caractère du Templier ?

HAUTEVILLE.

Religieux et soldat...

BEAUMANOIR.

Quelle est la puissance de l'Ordre ?...

HAUTEVILLE.

Il marche à côté des rois, et ne cède le pas qu'au Saint-Père !

BEAUMANOIR.

Que doit le chevalier au Commandeur ?

HAUTEVILLE.

Obéissance !...

BEAUMANOIR.

Et au Grand-Maître ?

HAUTEVILLE.

Obéissance aveugle !...

BEAUMANOIR.

Quelle est la règle de l'Ordre ?...

HAUTEVILLE.

L'exil et la guerre ; toujours accepter le combat, fusse un contre trois... ne jamais demander quartier... ne point donner de rançon... pas un pan de mur, pas un coin de terre ; vivants ou morts nous sommes au Seigneur ; glorieux les vainqueurs ! heureux les martyrs !

BEAUMANOIR.

Êtes-vous dégagé de tous liens de vasselage envers tout souverain ?

HAUTEVILLE.

Oui...

BEAUMANOIR.

Êtes-vous dégagé de toute haine personnelle ? (Hauteville se tait.) Êtes-vous dégagé de toute haine personnelle, de tout serment de vengeance ?...

HAUTEVILLE.

Non !...

(Mouvement dans les rangs des Templiers.)

BEAUMANOIR.

Dites la cause, et on avisera !...

HAUTEVILLE.

Après une bataille contre les Bourguignons mon père fut assassiné par les vainqueurs de la Provence ! j'ai juré par le Christ haine et vengeance aux Bourguignons !

BEAUMANOIR.

Nous sommes en paix avec eux !...

HAUTEVILLE.

J'attendrai la guerre !...

BEAUMANOIR.

Frères, vous avez entendu... quelqu'un de vous s'oppose-t-il à la réception de René de Hauteville ?...

ROCHEFORT, après avoir consulté les Templiers.

Personne...

BEAUMANOIR.

A genoux, sire Écuyer !...

(Sur un signe de Beaumanoir, un page apporte une coupe remplie. Beaumanoir y boit le premier, puis il l'offre à René. Les Templiers tirent leurs épées, qu'ils tiennent élevées au-dessus de la tête du récipiendaire. Un autre page apporte, sur un coussin de velours rouge, un livre qui renferme les règles de l'Ordre.)

BEAUMANOIR.

Jurez-vous d'obéir en tout et toujours aux lois qui nous régissent ?

HAUTEVILLE, la main étendue sur le livre.

Je le jure.

BEAUMANOIR, tirant son épée et en frappant Hauteville sur l'épaule.

Au nom du Christ et du saint Temple de Jérusalem, René de Hauteville, je vous fais chevalier ! (On jette sur les épaules de Hauteville le manteau de l'Ordre, on lui met les éperons et Beaumanoir l'embrasse.) Et maintenant, mes frères, allons nous prosterner au pied de l'autel !

(Les Templiers défilent, Beaumanoir en tête. Les portes du fond s'ouvrent et donnent passage aux écuyers et aux pages qui se joignent au cortège.)

SCÈNE VI.

MONTANO, ROBERT.

(Les Templiers sont tous sortis lorsque Montano et Robert paraissent en scène. En entrant, Montano se tourne vers l'étendard de l'Ordre et s'incline devant lui : il traverse le théâtre et va à la porte de la galerie qui conduit à la chapelle. Il regarde quelques instants de ce côté et en silence.)

MONTANO.

Dieu soit loué !... Nos saintes coutumes ne sont pas encore abandonnées ! puissent s'évanouir ainsi toutes les craintes que notre Grand-Maître avait jetées dans mon âme, lorsqu'en me donnant ses hautes instructions il gémissait sur la destinée de nos Commanderies !... Robert, mon brave, mon fidèle écuyer, ce qu'on nous avait dit au fond de la Palestine était peut-être empreint d'une coupable exagération, et nos frères sont encore dignes de leur antique renommée !...

ROBERT.

Sire chevalier, vous avez traversé la ville d'Avignon, la désolation l'habite, et cette Commanderie est en paix avec les Bourguignons !...

MONTANO.

Oui !... et c'est là pour Montano d'Almanare un mystère qu'il est impatient de pénétrer !... Tu sais, Robert, si Avignon est cher à mon cœur ! là, furent mes joies et mes douleurs ; là, est ma fille, ma fille que je vais bientôt presser dans mes bras et que je me suis condamné à ne revoir que lorsque j'aurai rempli les ordres qui m'appellent dans cette enceinte !... Avignon, malheureuse patrie !... tu semblais vivre encore lorsque je m'éloignai pour l'exil !... L'énergie de tes enfants se réveillait parfois et brillait comme l'éclair à travers la sombre nuit de ton esclavage !... Aujourd'hui, te voilà calme et silencieux ; mais c'est le silence et le calme du tombeau !... (On entend dans la chapelle les sons de l'orgue et les Templiers chantent le verset suivant :)

Dieu de clémence et de bonté,
Entends notre voix qui te prie ;
Guide-nous vers la vérité,
Protége la Commanderie !

(Montano et Robert écoutent religieusement ce chant et ne rompent le silence que lorsqu'il est fini.)

MONTANO.

Notre présence inattendue troublerait peut

être de saintes cérémonies...Robert, prosternons-nous au seuil du sanctuaire et que nos prières s'unissent à celles de nos frères !... Puissent-elles faire descendre en moi une inspiration qui me soutienne et me guide à travers ma route périlleuse et les entreprises que je dois exécuter !...

REPRISE DU CHOEUR.

Dieu de clémence, etc.

(A peine les chants ont-ils cessé, qu'on entend une vague rumeur dans le lointain, au-dehors, et du côté du théâtre opposé à celui où la chapelle est censée se trouver. Cette rumeur grossit progressivement. Enfin des cris confus et d'épouvante se font entendre aux portes de la Commanderie.)

MONTANO.

Ce bruit, ces cris d'épouvante !... Qu'y a-t-il donc ?

ROBERT, regardant à la fenêtre.

Le peuple se presse en foule aux portes de la Commanderie !...

MONTANO, regardant à la même fenêtre.

Les archers bourguignons le poursuivent avec fureur !

LE PEUPLE, au-dehors.

Asile !... asile !...

(Cris redoublés, bruit d'armes, mouvement tumultueux.)

MONTANO.

Le sang coule... et les portes de la Commanderie restent fermées !...

ROBERT.

On vous l'a dit, sire chevalier, la Commanderie se tait quand Hugues de Mersebourg commande !...

MONTANO, avec force.

Robert... que les portes de la Commanderie soient ouvertes au peuple et qu'il trouve ici l'asile qu'il implore !...

ROBERT, tirant son épée.

J'y cours... et gloire à vous, Montano !

MONTANO.

Périsse la Commanderie plutôt que de subir ce déshonneur !...

SCÈNE VII.

LES MÊMES, LE PEUPLE.

(Le peuple se précipite en foule dans la Commanderie en jetant des cris d'effroi.)

LE PEUPLE.

Asile ! asile !

UNE FEMME DU PEUPLE, avec désespoir, les cheveux épars et tenant un enfant dans ses bras.

Mon enfant... mon enfant !... ils l'ont assassiné... Ah ! ah !...

(Elle jette des cris de douleur et s'évanouit sur le corps de son fils.)

UN JEUNE HOMME, soutenant son vieux père ensanglanté.

Mon père !... mon père !...

MONTANO.

Atrocité !

LA FEMME DU PEUPLE.

Mais son cœur bat... il existe !...

UN HOMME, se jetant aux pieds de Montano.

Oh ! merci... merci à vous, qui avez sauvé mon enfant !

MONTANO, indiquant la bannière de l'Ordre.

Avignonais ! vous serez protégés par cette bannière !

(Les Templiers sortent précipitamment de la chapelle. Hugues de Mersebourg, l'épée à la main, entre suivi de ses gardes chassant devant lui une multitude d'hommes, de femmes et d'enfants qui viennent en criant : Grace... grace... pitié !...)

SCÈNE VIII.

MONTANO, HUGUES, BEAUMANOIR, ROCHEFORT, LA MOLE, ROBERT, CONRAD, TEMPLIERS, GENTILSHOMMES, PEUPLE, SOLDATS BOURGUIGNONS.

HUGUES.

Grace... pitié, dites-vous ?... ah ! si je n'avais pas jonché de cadavres le seuil de cette enceinte, pas un de vous n'en sortirait vivant... misérables rebelles !... Et vous, chevaliers du Temple, est-ce donc ainsi que vous respectez les traités qui nous lient ?...

BEAUMANOIR.

Prosternés dans la sainte chapelle de la Commanderie nous étions en prières, et nul chevalier n'a pu les enfreindre...

HUGUES.

Quel téméraire a donc osé ?...

MONTANO, s'avançant.

Moi ! moi, qui ne connais aucun traité qui puisse te donner le droit d'entrer l'épée nue au sein d'une Commanderie, Hugues de Mersebourg !

(Étonnement marqué dans tous les rangs des Templiers.)

HUGUES, avec colère.

Et qui donc es-tu... toi qui parles en maître... et qui viens entraver ma puissance ?

MONTANO.

Ta mémoire est bien infidèle... Tu ne me reconnais pas ?

HUGUES.

Ton nom .. ton nom !...

MONTANO.

Montano d'Almanare.

TOUT LE MONDE.

Montano !...

HUGUES.

C'est donc pour heurter de nouveau mon pouvoir que tu reviens de cet exil que j'avais trop borné ?...

MONTANO.

Je n'ai rien à te répondre, baron de Mersebourg. Je suis chevalier du Temple, et les chevaliers du Temple ne doivent s'incliner que devant le Saint-Père !... avec les rois ils traitent de puissance à puissance !...

(Murmures divers.)

HUGUES.

Téméraire !... mais ce que tu as fait ne profitera guère à ces rebelles... vainement ils voudraient résister aux ordonnances proclamées par ma volonté... les cadavres de leurs complices leur diront assez de trembler en voyant la justice du baron de Mersebourg !.. Quant à toi, tes frères t'apprendront que si en Palestine l'ordre du Temple ne connait de lois que les ordonnances du Grand-Maître, ici, à Avignon, il ne doit pas s'attaquer à une puissance comme la mienne !...

MONTANO.

Ici, comme en Palestine, baron de Mersebourg, un Templier, fût-il seul et abandonné de tous ses frères, un Templier se rencontrera, prêt à défendre à tout prix les saintes lois de l'honneur et de l'humanité !...

HUGUES, avec colère.

Assez... assez... te dis-je !...

BEAUMANOIR, bas à Montano.

Montano, vous voyez que tous vos frères se taisent !... Épargnez l'honneur de cette Commanderie !... épargnez-moi la douleur d'entendre vos généreuses paroles se perdre sans trouver un écho !...

MONTANO, bas à Beaumanoir.

Oh ! mon noble frère, c'est à mourir de honte et de désespoir !...

HUGUES.

Chevaliers du Temple, le lien qui nous unissait a été brisé... Qu'aujourd'hui même je reçoive l'assurance publique de votre soumission... A ce prix seulement la paix entre nous... et vous le savez... je n'ai pas l'habitude de pardonner aux vaincus. (A ses archers.) Soldats ! après la révolte... des lois plus sévères encore que les lois qui l'ont fait naître !... que la Provence obéisse, je le veux !... (Désignant le peuple.) Chassez devant moi ces vils esclaves... je déciderai de leur sort... Et vive Bourgogne !...

LE PEUPLE.

Grace !... grace !... pitié !...

TOUS LES SOLDATS, élevant leurs armes.

Vive Bourgogne !...

Le peuple s'enfuit d'épouvante en voyant les soldats se diriger vers lui. Les Templiers restent immobiles et silencieux. Montano vient se placer au milieu du théâtre et, les bras croisés sur la poitrine, les considère quelque temps avant de prendre la parole.

SCÈNE IX.

BEAUMANOIR, MONTANO, ROCHEFORT, RENÉ DE HAUTEVILLE, LA MOLE, TEMPLIERS.

MONTANO, gravement.

Pardonnez-moi, mes frères ; lorsque j'ai tant

ouvrir les portes au peuple, lorsque j'ai osé élever la voix en présence du tyran d'Avignon, je me croyais dans une Commanderie du Temple... j'avais vu notre saint étendard, ces trophées enlevés aux Infidèles ; j'avais entendu vos épées retentir sur la pierre du sanctuaire !... pardonnez-moi ! tout cela n'était qu'un rêve, une vision !... Ici comme ailleurs, devant Hugues de Mersebourg (avec énergie.) la peur, la peur !... et l'obéissance !

ROCHEFORT.

A quel titre osez-vous ?...

MONTANO.

Mon frère, votre conscience se révolte à votre insu !... écoutez-la ; elle vous crie que je ne suis pas trop sévère !... Regardez : Beaumanoir détourne la tête, il ne m'a pas désapprouvé !... Ah ! vous auriez voulu me voir assister, témoin muet et insensible, à ce spectacle qui m'a fait monter la rougeur au front !... Ceci est étrange, savez-vous !... Tandis que nous livrions nos sanglantes batailles autour de Jérusalem, tandis que par-tout et toujours nous plantions le *Beauséant* à côté de la bannière de France et du drapeau de l'Angleterre, vous dormiez heureux de vos traités avec le tyran d'Avignon ; vous laissiez, comme tout-à-l'heure, l'insulte tomber sur la Commanderie !

ROCHEFORT, vivement.

Montano !...

MONTANO, continuant.

Oui, cette Commanderie a failli ; oui, votre pacte avec l'iniquité est un pacte qu'il faut expier !... Autour de vous, sous vos yeux, une tyrannie impitoyable s'est abandonnée à ses cruautés, sans que votre voix menaçante la fît trembler sur son trône de cadavres !... A côté de vous, le Légat du pape, le vénérable Alexandre de Vaudemont traine dans les fers les derniers jours de sa vieillesse octogénaire !... Il attend la mort au fond d'un cachot !... Qui vous dit qu'il ne vous accuse pas, vous qui deviez défendre ou délivrer un prince de l'Église... Vous parlez de traités... il n'en est point avec l'enfer !... Allons, frères, revenez à vous... que cette Commanderie relève la tête !... Si elle ne peut jeter un cri de guerre contre les Bourguignons, que du moins elle se fasse respecter et apprenne aux tyrans que les soldats du Christ sont les champions du faible contre les oppresseurs !...

(Murmures dans certaines parties de la salle. Approbation dans d'autres.)

ROCHEFORT.

Chevaliers, c'est trop d'outrageantes paroles !... Est-ce donc à un étranger, à un nouveau venu, de toucher à l'honneur de la Commanderie ? C'est au chef que vous allez nommer qu'appartient le droit de juger et de punir le téméraire qui a osé les faire retentir dans cette enceinte... Les circonstances sont impérieuses, plus de délai... Chevaliers, il faut à l'instant même procéder au choix de ce chef : le voulez-vous ?.... dites... le voulez-vous ?...

QUELQUES TEMPLIERS.

Oui ! oui !...

D'AUTRES.

Non ! non !

ROCHEFORT.

Eh bien !... allons, mes frères, que l'urne soit apportée.

LA MÔLE.

Il n'en est pas besoin... tous les vœux sont à vous... Rochefort ! vive Rochefort !..

PLUSIEURS VOIX.

Oui !... oui !..

D'AUTRES VOIX.

Non !... non !..

LA MÔLE.

Rochefort ! qu'il commande !..

PLUSIEURS VOIX.

Qu'il commande !...

HAUTEVILLE et D'AUTRES VOIX.

Non ! non!.. à bas, à bas Rochefort !

(Agitation générale.)

MONTANO.

(Il monte les degrés qui conduisent au siége du Commandeur, et, debout, il s'écrie :)

Frères... écoutez-moi !

ROCHEFORT, se retournant et s'adressant à Montano.

Que faites-vous ?...

MONTANO, solennellement.

Je prends possession de cette Commanderie... et je range sous ma discipline les Commanderies de Marseille et de Toulouse !...

ROCHEFORT.

Ciel !

(Mouvement général.)

MONTANO, élevant plusieurs parchemins.

(A Beaumanoir.)

Approchez, Beaumanoir, et proclamez, à l'instant même, la volonté du Grand-Maître...

ROCHEFORT.

Injustice ! injustice !

(Rochefort s'entoure de ses partisans qui parlent vivement entre eux. D'autres groupes se forment... L'agitation est générale.)

PLUSIEURS TEMPLIERS.

Injustice !

BEAUMANOIR, élevant la voix et se plaçant à côté de Montano sur l'estrade.

Chevaliers du Temple (Murmures.) Chevaliers du Temple... au nom du Grand-Maître, écoutez : au nom de Villiers de l'Isle-Adam, chef suprême de toutes les Commanderies, salut et respect à Montano, notre Commandeur !...

(Applaudissements dans certaines parties de la salle ; murmures et dénégations dans d'autres.)

ROCHEFORT, tirant son épée.

Non, non, nous n'obéirons pas !...

PLUSIEURS TEMPLIERS, imitant son exemple.

Non ! non !...

HAUTEVILLE et D'AUTRES VOIX.

Oui ! oui !... vive Montano !...

MONTANO, d'une voix tonnante.

Silence à tous ! silence ! (Le silence se rétablit à l'instant même.) Des épées !... des poignards !... une rebellion dans la maison du Seigneur !... (Il descend gravement les degrés de l'estrade ; arrivé au milieu du théâtre, il détache sa longue épée et la jette à ses pieds.) Me voilà sans défense... (Se tournant vers Rochefort.) Je livre ma poitrine à celui qui osera dire que l'honneur de la Commanderie est resté sauf... (Rochefort laisse échapper son épée et baisse la tête de confusion... Montano, les bras croisés, passe devant tous ceux qui ont imité Rochefort... Tous, immobiles et confus, baissent la tête. Montano promène un instant son regard sur tous les Templiers qui attendent en silence ce qu'il va faire... Après une légère pause, il poursuit :) Ah ! Dieu soit loué ! nul n'a eu le courage de se parjurer !... (S'adressant gravement à Rochefort et à ceux qui se sont rangés de son côté :) Rochefort, quelle est la punition d'un chevalier rebelle et parjure ?

ROCHEFORT.

Son épée est brisée... son écusson terni... et dépouillé des insignes de l'Ordre ; il est à jamais chassé de toutes les commanderies !...

MONTANO.

Et survit-on à cette honte ?...

ROCHEFORT, tirant son poignard dont il veut se frapper.

Non !... on la prévient.

MONTANO, arrêtant son bras et lui montrant le ciel.

Un soldat du Christ !... (Rochefort tombe à ses genoux.) Voilà ma main... je vous pardonne....

(Assentiment général.)

ROCHEFORT.

J'incline devant vous mon front humilié ! et je vous jure à jamais, respect et obéissance !...

TOUS LES TEMPLIERS.

Nous le jurons !...

MONTANO relève Rochefort et le presse dans ses bras ; puis se retournant vers les Templiers.

Et vous, mes frères, fiez-vous à moi pour assurer l'honneur de la Commanderie !... Détournez vos regards du passé ; je vous prédis un meilleur avenir !... Nous avons à faire de grandes choses !... un bruit de guerre retentit à travers l'Europe ; la Palestine s'ébranle sous les pas des Infidèles qui nous disputent le Saint-Sépulcre !...Vous retremperez vos épées dans les sanglantes batailles ; vous apporterez dans le Temple votre part de victoires !...A ces jours de mollesse et de sommeil succèderont des jours de gloire et de haute renommée !... (Prenant le Beauséant et l'agitant.) Beauséant ! Beauséant !... nous irons t'arborer si avant dans les rangs ennemis, qu'aucune autre bannière ne pourra t'y suivre !...

TOUS , avec enthousiasme.

Honneur à Montano !

MONTANO.

Gloire à Dieu !...

TOUS.

Vive le Commandeur !...

(Tableau.)

ACTE SECOND.

Un salon gothique chez Montano. Porte au fond ; portes latérales ; meubles de l'époque , etc., etc.

SCÈNE I.

URBAIN, BÉATRIX.

(Urbain est appuyé sur le dos du fauteuil où est assise Béatrix — Une lampe brûle sur la table; du feu est allumé dans le foyer.)

URBAIN.

Ainsi donc, Béatrix, quelques jours encore, et mes vœux les plus chers seront comblés... et le prêtre bénira cet amour que notre enfance vit commencer et qui ne finira qu'avec nous !

BÉATRIX.

Oui, Urbain... aujourd'hui même mon père le répétait à ma tante, l'abbesse de Notre-Dame : « Je vous remercie, lui disait-il, des soins que vous avez donnés à ma fille bien-aimée pendant les trois années que j'ai passées dans l'exil... De retour dans ma patrie, je veux remplir la promesse sacrée que je fis autrefois au père d'Urbain... Bientôt je vous retirerai le dépôt que je vous ai confié, car bientôt Béatrix sera l'épouse de celui qu'elle aime... Laissez-moi l'emmener jusqu'à ce soir dans ma maison si triste et si solitaire... Plus l'instant approche où je mettrai sa main dans celle de son fiancé, plus mon cœur sent le besoin d'avoir ma fille près de moi. » Et en parlant ainsi, Urbain, mon père pleurait, comme si notre mariage devait à jamais nous séparer de lui... comme si de nouvelles persécutions allaient encore l'exiler d'Avignon, l'arracher à sa fille, à tous ceux qu'il aime...

URBAIN.

Rassurez-vous, Béatrix; Montano revient armé d'un titre qui doit le protéger... Placé haut dans les dignités de son Ordre, il marche l'égal des princes... son Ordre est une puissance forte de ses richesses... de la valeur de ses membres et de sa fière indépendance... S'attaquer à Montano, nul ne l'oserait, Béatrix, car les Commanderies du Temple n'ont pas de chevalier plus distingué par le savoir et le courage, et si une insulte lui était faite, à défaut de la Provence endormie dans la servitude, Hugues s'attirerait des ennemis qu'il doit encore redouter.

BÉATRIX.

J'aime à vous entendre parler ainsi, Urbain ; mais, hélas! vous le savez, rien n'est sacré pour Hugues de Merseboug...

URBAIN.

Oh! oui, Béatrix, je le sais, et j'ai juré de ne pas oublier ce que je lui dois de haine et de vengeance ! Non, jamais l'outrage que j'ai subi ne sortira de ma mémoire... jamais je n'oublierai que pour avoir tenté d'arracher des concitoyens au glaive des bourreaux, je fus ignominieusement traîné sur la place publique... et frappé comme un esclave... Ah! si j'ai survécu... c'est que l'espoir d'horribles représailles est entré dans mon cœur... Oui , Béatrix, je l'ai juré; vienne ce jour, et il n'est pas loin peut-être , où nous nous lèverons au cri de liberté, et je laverai ma honte dans le sang de ces infâmes étrangers !

BÉATRIX, se levant.

Silence, Urbain, silence; on pourrrait vous entendre... Vous m'aviez promis de faire trève à ces pensées... vous me brisez le cœur... Oh ! taisez-vous... taisez-vous...

URBAIN.

Pardon, Béatrix... si toujours et malgré moi ces sombres pensées viennent m'assaillir jusqu'à vos côtés... Insensé! de n'avoir auprès d'une femme que des paroles de sang et de mort... Mais que voulez-vous? je souffre tant... je suis si malheureux !

BÉATRIX.

Moi aussi je souffre, Urbain... Eh quoi! croyez-vous que la fille de Montano reste insensible aux malheurs de son pays?... Croyez-vous que des pensées futiles et légères s'agitent seules dans cette tête?... Ah! sous cette enveloppe si délicate se cache une ame dont vous ne soupçonnez peut-être pas toute l'énergie! Mais pourquoi se précipiter en aveugle au-devant du danger? le bourreau ne doit pas borner votre destinée, elle est unie à la mienne... songez-y!... ah! si je vous suis chère, soyez prudent... n'exposez pas follement vos jours!... à Dieu seul appartient le droit de punir et de nous venger!...

URBAIN.

Béatrix... je vous aime, avec passion... avec idolâtrie! car vous aimer, c'est moins souffrir! Ah! soyez mille fois bénie, vous qui faite luire des jours plus doux sur cette existence qui m'était devenue si amère!

BÉATRIX.

Et moi, Urbain, en vous aimant, j'ai moins

souffert de l'absence de mon père, et c'est à genoux, en face du portrait de celle qui entend sa fille du haut du ciel, que je vous renouvelle mes serments... que je jure d'accomplir avec joie le plus cher de mes vœux en vous prenant pour époux.

URBAIN.

Et moi, Béatrix, je jure de consacrer chaque jour de ma vie au bonheur de la vôtre... et que je meure maudit des hommes et du ciel si jamais un tel serment pouvait s'effacer de ma pensée !

(Montano est entré au moment où Béatrix s'agenouillait; il s'est arrêté au fond du théâtre sans être aperçu. Dès qu'Urbain a fini de parler, il s'avance gravement auprès d'eux, en étendant ses mains au-dessus de leurs têtes.)

SCÈNE II.

LES MÊMES, MONTANO.

MONTANO.

Bien ! mes enfants... que Dieu reçoive vos serments, et que du haut du ciel il veille à jamais sur vous !

BÉATRIX, se relevant et allant à lui.

Mon père...

URBAIN, s'inclinant.

Seigneur chevalier...

MONTANO, leur prenant la main.

Bonsoir, ma fille ; bonsoir, Urbain.

BÉATRIX.

Que vous avez tardé, mon père !...

MONTANO, souriant.

Tu t'apercevais donc de mon absence ?

BÉATRIX, baissant les yeux.

Toujours, mon père...

MONTANO, à Béatrix.

Eh bien ! pourquoi cette rougeur qui colore ton front ? et toi, Urbain, pourquoi cette contrainte ?... Enfants, ne savez-vous pas que c'est la joie de ma vie que de vous voir ainsi unis... que de vous voir ainsi aimés l'un de l'autre ?... Venez, rapprochez-vous de moi, que je vous presse tous les deux sur mon cœur.

(Béatrix et Urbain se jettent dans ses bras; il les presse contre son cœur avec attendrissement.)

BÉATRIX, avec une profonde émotion.

Que vous êtes bon, mon père !...

URBAIN, de même.

Qui ne vous chérirait pas ?

MONTANO.

Urbain, voilà ma Béatrix, douce et belle comme sa mère... tout le bonheur, l'espoir de mes vieux jours... Si tu savais que de consolations me donne un seul de ses regards !.. Les rêves de ma vie sitôt évanouis... ce savoir acquis dans les longues veilles... cette épée illustrée dans les batailles... l'amitié des princes... pour mon cœur tout cela ne vaut pas un embrassement de ma fille, et je te donne ma fille, Urbain !...

URBAIN.

Ah ! seigneur chevalier...

MONTANO.

Demain, dans la sainte chapelle de la Commanderie le prêtre bénira vos nœuds.

BÉATRIX.

Demain !...

URBAIN.

Il se pourrait !...

MONTANO.

Tout sera disposé. (S'adressant à Béatrix, qui baisse les yeux.) Ne m'approuves-tu pas, ma fille ?

BÉATRIX.

N'êtes-vous pas le maître de ma volonté, comme Urbain l'est de mon ame !

MONTANO.

En attendant, tu vas retourner auprès de ta tante, l'abbesse de Notre-Dame... elle a reçu mes instructions... Robert, mon fidèle écuyer t'accompagnera... (Il frappe sur un timbre d'acier ; Robert paraît.) Tu vas conduire Béatrix au couvent de Notre-Dame.

ROBERT.

Comptez sur moi, seigneur chevalier.

BÉATRIX, qui s'est enveloppée de sa mante.

Je suis prête, mon père.

MONTANO, l'embrassant sur le front.

Va, ma fille... et que Dieu te conduise !...

BÉATRIX.

Qu'il vous garde, mon père !

(Elle salue Urbain qui lui baise respectueusement la main, et sort. Montano un instant immobile sur le seuil de la porte, la regarde aller.)

SCÈNE III.

URBAIN, MONTANO.

URBAIN, à part.

Demain... ô mon Dieu ! et quand il va savoir... tremblant pour l'avenir de sa fille, voudra-t-il encore me la donner !... mon courage faiblit... et pourtant, il le faut, je l'ai juré !

MONTANO, après avoir fermé la porte.

Ah ! qu'elle soit heureuse ! son bonheur, pourra seul adoucir dans mon ame l'amertume que me causent les maux de la patrie !...

URBAIN.

Pourriez-vous douter ?...

MONTANO.

Non, puisque je te la donne... Écoute, Urbain, nous sommes seuls, et mon ame va librement s'épancher... Je n'ai pas voulu affliger à l'avance ma Béatrix bien-aimée, en lui révélant le motif qui me fait précipiter ainsi le jour de votre union... Je veux qu'en te la donnant la sérénité et la joie règnent dans son cœur comme sur son visage... mais votre union bénie, enfants, je m'éloignerai d'une ville où trop d'affligeants spectacles viennent glacer mon ame et remplir mes yeux de désespoir et de larmes.

URBAIN.

Quoi!... nous quitter!... vous éloigner d'Avignon!...

MONTANO.

Mon cœur saigne à cette pensée... j'avais tout fait pour y rentrer... mais je le dois!... C'est à moi de guider mes frères... j'accomplirai la mission qui m'est imposée... Avant huit jours nous serons partis... Mais toi, Urbain, pendant qu'au saint nom du Christ je prodiguerai ce reste de sang que m'ont laissé vingt batailles, veille bien sur ma Béatrix... sur l'enfant que je donne à ton amour... qu'avec mes droits que je vais te céder ta tendresse remplace la mienne... Et si mon terme est marqué... si je succombe sans vous avoir revus, que du moins je la sache heureuse!... cette pensée adoucira mes regrets et me fera te bénir encore à mes derniers instants!...

URBAIN.

Oh! point de ces tristes présages, noble Montano. Non, Dieu n'a pas encore marqué le terme d'une vie si glorieuse!... Mais pourquoi donc, hélas!... lorsque tant de guerriers se pressent en foule sur le sol de la Palestine, pourquoi, indifférent aux maux de la patrie, allez-vous chercher des périls si lointains?... ne l'aimez-vous donc plus cette ville qui vous a vu naître?... Le joug de l'étranger qui la flétrit et l'écrase, ne vous dit-il pas quelles grandes et nobles choses il vous reste à faire avant de l'abandonner!... Affranchir tout un peuple!... c'est une mission sainte et sacrée... et le concours de vos frères...

MONTANO.

Serait impuissant... Oui, oui, Urbain, on me l'a dit, quelques jeunes hommes conspirent en secret, et je les blâme, les malheureux!... c'est encore du sang pour le bourreau... Vos desseins sont cachés, ô mon Dieu! mais si une voix s'élevait, noble et généreuse, pour arracher tout ce peuple à cette humiliante servitude, elle ne trouverait pas un écho dans cette ville, froide et muette comme la tombe!...

URBAIN.

Vous vous trompez, Montano!...

MONTANO.

Comment?...

URBAIN.

Apprenez...

(On frappe au dehors)

MONTANO.

On frappe!...

URBAIN.

Si c'était... (il ouvre.) oui, ce sont eux!...

MONTANO.

Qui donc?

URBAIN.

Ceux que vous appeliez autrefois vos amis, vos enfants...

SCÈNE IV.

MONTANO, URBAIN, REYNOLD, BÉRALD, LOIS, DE BRISSAC, FABRICIO, JEUNES SEIGNEURS.

(Ils entrent vivement et entourent Montano.)

MONTANO, leur serrant la main.

Que vois-je?... Loïs, Fabricio, Bérald, vous tous que j'ai connus et aimés!...

BÉRALD.

Nous avons appris votre retour, et nous nous sommes empressés d'accourir pour saluer le plus brave et le plus noble des chevaliers qu'Avignon ait vu naître...

MONTANO.

Merci... merci!... soyez les bien-venus... quoique absent, votre souvenir ne m'a pas quitté... je vous regrettais... je vous aimais toujours!...

BÉRALD.

Et nous, seigneur chevalier, pendant ce long exil, nous n'avons pas laissé passer un jour sans redire votre nom... sans adresser au ciel nos vœux ardents pour votre prompt retour.

MONTANO.

Chers enfants! qu'il m'est doux de vous revoir ainsi devenus hommes et l'épée au côté!...

URBAIN.

Ah! c'est que ces trois années en passant sur nos têtes, les ont bien mûries, c'est que des pensées graves et profondes y ont pris racine...

MONTANO.

Je te crois... (Examinant Reynold qui se tient à l'écart et contemple avec admiration les traits de Montano.) Mais vous, jeune homme, qui êtes vous?.. pourquoi vous tenir ainsi éloigné?... Approchez... ma mémoire... je ne vous connais pas... qui êtes vous?...

REYNOLD.

Un de vos admirateurs, qui, perdu dans la foule... n'avait pas encore contemplé vos traits.. Je vous ai aimé en lisant vos écrits qui ont développé dans mon ame l'amour de la patrie et la haine de l'étranger!...

MONTANO.

Votre nom?

REYNOLD.

Reynold de Brissac.

MONTANO.

Je connais votre père... c'est un brave...

REYNOLD.

Hélas! il n'est plus...

MONTANO.

Mort!...

REYNOLD.

Assassiné par les Bourguignons!...

MONTANO.

Son ame est aux cieux!... il n'a plus à gémir des maux de la patrie!...

URBAIN.

Dites plutôt que du haut du ciel il verra son affranchissement !...

MONTANO.

Comment ?...

URBAIN.

Oui, noble Montano... connaissez et nos projets et notre espoir... Lassés du joug des Bourguignons, nous avons résolu de le briser... nous voulons demander compte à nos oppresseurs de tout le sang qui coule... nous voulons purifier la patrie !... La trame de nos projets est bien ourdie... nous comptons des conjurés dans la plus haute noblesse... une armée s'organise en secret, prête à marcher au premier signal !... Le peuple sommeille, mais il se réveillera au cri de liberté !... Dieu qui nous a mis au cœur cette sainte entreprise, veut qu'elle s'accomplisse aujourd'hui, puisqu'il vous a ramené parmi nous. C'est un chef qu'il nous fallait... un chef dont le nom, le génie et la popularité fussent la sauve-garde de tous; et ce chef que nous avons vainement et long-temps cherché, nous l'avons maintenant, c'est vous !

MONTANO.

Moi !

URBAIN.

Oh ! ne trompez pas une si chère espérance, devenez le drapeau sacré sous lequel nous allons nous rallier, pour une cause si belle... soyez la tête, nous serons le bras... Nous sommes à vos genoux... (tous tombent aux genoux de Montano.) nos pleurs baignent vos mains... et la patrie au cercueil soulevant son front ensanglanté, ressuscite et vous crie par ma voix : Accepte, Montano... accepte... et mort à l'étranger !...

TOUS.

Oui , mort à l'étranger !

MONTANO , les rapprochant près de lui.

Plus bas, enfants... plus bas... je partage et j'admire ces nobles sentiments ! s'ils exaltent votre ame ils font tressaillir la mienne... L'œuvre est grande et glorieuse !... (Mettant la main sur son cœur.) Oui , je sens là que je mourrais avec joie si mon dernier regard voyait fuir le dernier des Bourguignons ! Mais quoi ! vous voulez que moi , soldat de Dieu , religieux armé du glaive , père dont le cœur est plein d'alarmes , je déchaîne la tempête !... C'est un terrible ministère que de pousser un peuple à la révolte... même quand la révolte est justifiée par la tyrannie !... Nulle part, hélas ! l'autel de la liberté n'est pur de sang humain , et souvent pour arriver aux oppresseurs, les citoyens marchent sur les cadavres de leurs frères !.. Ah ! songez à tous ceux qui vous aiment.... à vos mères... aux larmes qu'elles auraient à répandre , si, trompés dans votre espoir, vous tombiez sous le glaive de nos tyrans... Et toi, Urbain, as-tu donc oublié Béatrix?... elle t'aime... Je t'ai choisi pour

lui servir d'appui... la ferais-tu veuve avant que d'être femme !...

URBAIN.

La patrie est ma mère... elle souffre et je dois la sauver !

MONTANO , à part.

Noble courage... sublime enthousiasme que j'admire en secret , et qu'il faut que j'enchaîne !.. ô patrie , patrie... tes beaux jours renaîtront... tes enfants ne sont pas dégénérés !... (Haut , et allant aux jeunes gens.) Écoutez : je ne dois pas prodiguer follement un sang aussi pur , aussi noble que le vôtre : quand l'heure sera venue, je ne vous ferai pas défaut ; ma prudence et mon glaive vous guideront ; mais , pour réussir, de semblables projets doivent être mûris en silence... Quand on échoue, ce sont des fers plus lourds qu'on rive aux mains du peuple !... Oui ! des jours meilleurs renaîtront ; mais croyez-moi , chers enfants... attendez encore !... attendez !..

(On entend frapper au dehors... tous les personnages restent immobiles, les yeux fixés sur Montano , et semblent lui demander s'il faut ouvrir.)

CONRAD , au dehors.

Au nom du gouverneur , ouvrez !...

MONTANO.

Du gouverneur !...

BÉRALD.

Serions-nous trahis ?...

(On frappe de nouveau et plus fort.)

CONRAD.

Ouvrez... ouvrez...

URBAIN , portant la main à son épée.

Il faut nous défendre !

MONTANO.

Arrêtez ! du calme... (Aux jeunes gens.) Vous le voyez , le soupçon veille... soyez prudents et gardez-vous d'agir sans m'avoir revu.

(Les jeunes gens ouvrent la porte... Un officier et plusieurs soldats entrent.)

SCÈNE V.

LES MÊMES, CONRAD , SOLDATS.

MONTANO , à Conrad.

Que voulez-vous, et pourquoi ces gardes ?

CONRAD.

L'heure du couvre-feu est sonnée, seigneur chevalier, et cependant il y a réunion chez vous... votre foyer n'est pas éteint... votre lampe brûle encore... pourquoi cette infraction?...

MONTANO.

Rentré depuis hier seulement dans ma patrie , je ne connaissais pas cette nouvelle loi... ces jeunes gens sont presque mes enfants qui , heureux de mon arrivée, sont venus me témoigner leur attachement.

CONRAD.

N'importe, qu'ils se retirent sur-le-champ, s'ils ne veulent point être arrêtés.

BÉRALD , bas à Montano.

Quelle arrogance !...

REYNOLD , de même.

Quelle honte pour nous !...

MONTANO.

Retirez-vous, mes amis... retirez-vous...

CONRAD , aux jeunes gens qui se disposent à sortir.

Vous ne pouvez sortir armés , messeigneurs... remettez-moi vos épées !...

BÉRALD.

Nos épées !...

TOUS.

Jamais ! jamais !...

URBAIN.

Chaque jour une tyrannie nouvelle !...

CONRAD.

Obéissez ! c'est l'ordre du gouverneur...

MONTANO.

C'est moi qui les garderai... (S'adressant à Conrad.) En ai-je le droit ?

CONRAD.

Vous le pouvez...

MONTANO.

Donnez-moi vos épées...donnez-les-moi !..(Tous remettent leurs épées à Montano qui en fait un faisceau.) Allez maintenant, et que Dieu soit avec vous !..

(Ils s'inclinent tristes et abattus en considérant Montano qui reste plongé dans de graves réflexions. À peine sont-ils disparus, qu'un homme ayant un masque au visage entre aussitôt; il dit quelques mots à l'oreille de Conrad qui s'incline et sort.)

SCÈNE VI.

L'HOMME MASQUÉ, MONTANO.

MONTANO , à part, en déposant les épées sur une table et s'asseyant.

Encore une nouvelle injure qui fera bouillir la vengeance dans le cœur de ces jeunes hommes...

L'HOMME MASQUÉ , après avoir fermé la porte, s'approche doucement du fauteuil dans lequel est assis Montano, toujours plongé dans une profonde rêverie , puis il lui frappe doucement sur l'épaule en l'appelant.

Montano !...

MONTANO le considère avec étonnement.

Qui êtes-vous?... que me voulez-vous?...

L'HOMME MASQUÉ.

Tu vas le savoir...

MONTANO.

Pourquoi ce mystère?...

L'HOMME MASQUÉ.

As-tu peur ?

MONTANO , le fixant fièrement.

Jamais !...

L'HOMME MASQUÉ.

Écoute , après trois années d'exil tu revois ta patrie, que ton éloquence exalta , que ton bras

défendit... l'injure que tu subis alors est vivante encore dans ton ame... et je viens pour réparer le mal qui te fut fait... Oui, Hugues de Mersebourg qui fut ton ennemi, qui admire ton courage , t'offre aujourd'hui l'oubli du passé... et la paix avec lui...

MONTANO.

L'ai-je bien entendu !... C'est Hugues de Mersebourg qui vous envoie?... Hugues qui me demande l'oubli d'un passé dont je suis glorieux !... Hugues qui me propose et la paix et son amitié! (Avec un rire ironique.) Quel dieu ou quel démon pourrait faire un semblable prodige?... je n'en connais point... allez lui dire cela , vous, qui vous couvrez le visage pour mieux cacher la rougeur qui colore sans doute votre front en venant me proposer une telle lâcheté !...

L'HOMME MASQUÉ.

Plus de respect, Montano !

MONTANO.

Je suis chez moi, qui vous y retient?...

L'HOMME MASQUÉ.

Ton intérêt...

MONTANO.

Mon intérêt! eh bien ! moi, je vous chasse... sortez...

L'HOMME MASQUÉ.

Il faut que tu m'écoutes...

MONTANO , lui arrachant son masque.

Eh bien ! alors voyons-nous face à face !...

L'HOMME MASQUÉ, portant la main à son poignard qu'il tire à demi.

Malédiction !

MONTANO , reculant d'étonnement.

Hugues de Mersebourg !...

HUGUES.

Oui, Hugues! heureusement pour toi, nous sommes seuls; sans cela, ce poignard t'aurait puni de tant d'audace et d'insolence !

MONTANO.

Quand l'injure saigne au cœur d'un chevalier, il en appelle à son épée, sire Hugues de Mersebourg !... s'il te faut le jugement de Dieu, je suis prêt !

HUGUES.

Le jugement de Dieu fut pour moi dans plus de vingt combats... à présent quand une tête me gêne, je ne l'abats plus.. j'ai mon bourreau pour la trancher!.. tâche de t'en souvenir... Écoute-moi : j'ai peu d'instants à te donner... mais ces instants sont solennels et décisifs ; je serai sincère. Je t'ai exilé d'Avignon parceque tu gênais ma puissance encore mal affermie; ma puissance s'est fondée; elle tient à de profondes racines.(Mouvement de Montano.) Ne m'interromps pas...Tes frères,restés libres dans leur Commanderie, ont pu se livrer à leurs rites sans que j'aie songé à les inquiéter... Et voilà que, tout-à-coup, Montano,devenu leur chef,n'a pas plus tôt foulé le sol d'Avignon, que, n'écoutant sans doute que les sentiments d'une haine personnelle, il vient briser un lien consacré par deux années de fidèle observance. Mais, en levant l'étendard de la révolte, as-tu songé que tu es dans une ville où je commande en souverain?... Oseras-tu continuer l'œuvre si follement commencée? Reste fidèle à ta haine, que m'importe... Ce que je veux savoir et à l'instant même, c'est.. si l'ordre du Temple veut la paix ou le guerre?.. songe que je puis à mon gré vous combler de biens... ou vous bannir... Réfléchis, Montano... Faut-il te dire plus, je souhaite la paix... et voilà le prix que j'y mets. Jure-moi, comme chef de la Commanderie, que jamais les Templiers ne s'interposeront entre le peuple et moi... et je vous maintiendrai... comme par le passé, ma bienveillance... s'il en est besoin, ma fidèle protection!... Voici ma main!... ne la repousse pas, car alors elle pourrait bien se refermer, pour vous écraser tous!...

MONTANO.

Tes promesses ne peuvent me séduire, tes menaces ne m'intimident pas!... j'imiterai ta franchise... tu as peur, oui, tu as peur, car si tu pouvais nous écraser...nous le serions déja!.. La Commanderie d'Avignon a pu faillir, un instant égarée... Dieu par ma voix l'a rappelée à sa dignité première, elle s'y maintiendra. Avant d'étendre jusqu'à nous ton oppression, réfléchis à ton tour... Mes frères ne recevront pas de moi l'exemple de l'avilissement et de la servitude! règne dans Avignon puisque Dieu le permet... mais nos regrets et nos pleurs seront toujours pour Alexandre de Vaudemont. Et si le sang doit couler encore dans les rues, si ce peuple infortuné ne pouvait échapper au massacre de tes soldats qu'en se réfugiant dans le sein de notre Commanderie, l'asile qu'il viendrait y chercher, je te le déclare, il le trouverait inviolable aux pieds de nos autels!... Ton pouvoir s'arrête au seuil de notre porte, Hugues de Mersebourg... Une fois déja tu as profané l'enceinte du Temple; que ce soit la dernière, car si tu le tentais de nouveau, je m'appuierais sur le glaive, et tu n'entrerais qu'en passant sur mon cadavre! Voilà ma réponse...

HUGUES, avec colère.

Eh bien donc... puisqu'il en est ainsi... porte à tes frères et mes ordres et ma volonté suprême!... Si demain, avant le coucher du soleil, la bannière du Temple ne s'est pas inclinée devant moi, que je ne retrouve plus un seul Templier sur le sol d'Avignon... car fallût-il vous arracher du sein de la Commanderie dont je ne laisserai pas pierre sur pierre, pour quiconque aura désobéi, la mort!... songes-y Montano!...

(Hugues sort.)

SCÈNE VII.

MONTANO, seul avec force et énergie.

L'ai-je bien entendu?... Incliner devant lui la sainte bannière du Temple?.. Nous bannir... nous chasser!.. Hugues de Mersebourg!.. Fléchirons-nous devant un Bourguignon?.. Oh! non! maintenant, plus de départ pour la Terre-Sainte!.. Il a raison, Urbain : de grandes choses restent à faire ici!... Pas un seul de mes frères ne quittera le poste que je lui assignerai!.. (Plus calme.) Mais, mon Dieu! n'ai-je pas été trop loin peut-être?... En voulant défendre notre dignité, ne l'ai-je pas compromise!... Que résoudre, hélas! dans cette alternative? D'un côté, l'oppression et la tyrannie la plus odieuse... un peuple qui gémit et se meurt!.. De l'autre, des bras impatients de vengeance qui n'attendent qu'un signal pour tirer le glaive! Mon Dieu!.. dois-je céder à cette loi tyrannique?... Faut-il agiter sur la Provence le flambeau de la guerre?... Mon esprit s'élève vers toi... que ta volonté sainte se manifeste. (Tombant à genoux.) Seigneur... Seigneur, inspire-moi! inspire-moi!

URBAIN, ouvrant la porte avec force.

Sire chevalier!.. Montano...

MONTANO, se relevant.

Urbain!...

(Tous les jeunes seigneurs entrent en scène. Ils sont dans la plus vive agitation.)

SCÈNE VIII.

MONTANO, URBAIN, REYNOLD, LOIS, BÉRALD, JEUNES SEIGNEURS.

MONTANO.

Qui vous ramène?.. Qu'est-il donc arrivé?

URBAIN.

Le comble de l'infamie et de la lâcheté!.. et si les chevaliers du Temple ne s'interposent pas, s'ils n'arrêtent pas le cours de tant d'atrocités, c'en est fait, nous n'aurons plus qu'à pleurer sur les restes inanimés de l'infortuné légat du pape, Alexandre de Vaudemont...

MONTANO.

Explique-toi.

URBAIN.

Ce noble vieillard qui jadis régnait dans Avignon, et traversait la Provence salué par des bénédictions et des cris d'amour, depuis deux années languissait résigné dans les fers, lorsque Hugues de Mersebourg, prétextant qu'il tient cachés et enfouis les vases sacrés et les trésors de l'église, lui a fait appliquer la torture... Furieux du courage héroïque de ce vieillard attendant la mort des martyrs sans proférer une plainte, sans démentir un seul instant sa dignité, Hugues l'a rendu à la vie pour le dévouer à des supplices plus lents et plus affreux... il l'a plongé dans un cachot humide et infect... la clarté du jour n'existe plus pour lui !.... et plus d'une fois déjà la faim dévorante l'a fait se rouler et se tordre sur la terre glacée de sa prison !...

MONTANO.

Horreur... horreur !.. et de qui tiens-tu cet effroyable récit ? ..

URBAIN.

D'un de ses geoliers qui, révolté lui même de ce spectacle odieux, nous a tout révélé...

MONTANO.

Mon Dieu !.. mon Dieu !...

URBAIN.

Au récit de tant de malheurs, resterez-vous inflexible, hésiterez-vous encore, Montano... dites, hésiterez-vous?

MONTANO.

Non, non !... car c'est Dieu qui vous a ramenés... c'est Dieu qui me parle par votre bouche !.. Je vais à l'instant même rassembler les notables de la ville... Nous nous rendrons au palais bourguignon, j'exigerai la liberté du légat... En attendant, réunissez vos amis... Brissac, courez à la Commanderie... Urbain, je te place à la tête du peuple !.. Mais souvenez-vous qu'il faut agir avec prudence, jusqu'au moment où, tirant le glaive, nous jetterons le fourreau... Maintenant à genoux, enfants, à genoux !... (Ils se mettent à genoux.) Vous êtes les exécuteurs des décrets du Très-Haut !.. C'est en hommes qu'il vous faut accomplir cet œuvre de résurrection et de liberté !.. O mon Dieu! si notre dernière heure est venue, que notre sang comme celui d'Abel monte aux pieds de ton éternelle justice, et nous suscite des vengeurs! (Prenant les épées dont il a fait un faisceau.) Vos épées, les voilà... Notre cri de ralliement... Dieu... Provence... et Liberté !...

TOUS.

Dieu... Provence et Liberté !

(Tableau.)

ACTE TROISIÈME.

Le théâtre représente une vaste salle richement décorée. D'un côté, une table demi-circulaire autour de laquelle sont assis les principaux chefs bourguignons. Des femmes lascivement vétues font les honneurs de cette fête. Les unes versent à boire, d'autres sont nonchalamment penchées sur des chevaliers qu'elles tiennent enlacés. Hugues de Mersebourg est assis sur un siège plus élevé. Des valets apportent successivement des mets servis dans des plats d'argent. Sur le premier plan, à gauche, un trône en velours rouge garni de brocards d'or; à droite, et bien en vue du public, une large croisée à balcon. — Au lever du rideau, des ménestrels, debout et tenant en main des lyres d'or, chantent en chœur. Des jeunes filles exécutent des danses voluptueuses.

SCÈNE I.

HUGUES DE MERSEBOURG, CONRAD, ISTEIN, Officiers et Soldats bourguignons; Ménestrels, Danseurs, Danseuses.

CHŒUR.

Que vos pas gracieux inspirent le desir
Au cœur de ces guerriers à l'âme ardente et fière,
Et, sur leurs fronts parés des lauriers de la guerre,
Effeuillez en dansant les roses du plaisir.

(Après le chœur, les danses sont suspendues et tous les convives se lèvent en entrechoquant leurs coupes.)

ISTEIN.

Vive Bourgogne !.. Honneur à Hugues de Mersebourg !..

(Tout le monde répète le même cri.)

HUGUES.

Je vous fais raison, mes braves! Gloire à vous qui m'avez aidé quand j'ai fondu sur la Provence! (Il vide sa coupe.—A un page.) Page, verse encore de ce vin : il est chaud comme le soleil qui brûle Avignon !...

ISTEIN.

Bien dit, sire Hugues de Mersebourg !..

TOUS.

Versez !.. versez !...

HUGUES.

Eh bien! Conrad, tu seras donc toujours sombre et soucieux au milieu de nos fêtes?...

CONRAD, se levant.

Faisons la guerre, monseigneur, et vous me verrez plus dispos au combat qu'aux joies du festin...

HUGUES.

La guerre! et avec qui? nul ennemi ne nous vient du dehors, et la Provence est endormie dans l'obéissance et la servitude.

CONRAD.

J'observe, monseigneur; nos soldats s'amollissent, on s'agite en secret... Prenez garde, nul peuple ne s'endort pour ne plus s'éveiller! et peu s'en est fallu que dans le sein même de la Commanderie la révolte ne se dressât contre nous !...

HUGUES.

La révolte! deux cents cadavres l'ont arrêtée... L'ordre du Temple! qu'il tremble de me déplaire !...

CONRAD.

Quoi! monseigneur, vous ne craignez pas...

HUGUES.

Et quoi donc? devant Hugues de Mersebourg, tout doit trembler et se taire...

CONRAD.

Cependant, monseigneur...

HUGUES.

Oh! assez, assez!... au diable tes sermons; va te faire ermite au fond de la Bourgogne, (éclatant de rire.) tu prieras pour nos péchés!...

(Tout le monde rit.)

CONRAD, gravement.

Je resterai près de vous, monseigneur; mon épée vous servira mieux que mes homélies!...

HUGUES.

Oh! je le sais, je puis compter sur toi!... (Après avoir bu il rejette sa coupe.) Ils m'ont surnommé le *Taureau bourguignon*, ces misérables Avignonais!...... ils ont raison, car pour les combattre et les vaincre j'en aurai toujours la puissance et la force... Mais il ne faut pas que la joie s'éteigne!... Ménestrels, reprenez vos accords; jeunes filles, que vos danses recommencent plus folles et plus vives!... ce n'est plus une fête que je veux, c'est une orgie, c'est une bacchanale!...

(Applaudissements, cris de joie dans toute la salle, chœurs, danses.)

Qu'au bruit de nos chansons
Le vin coule et ruisselle;
Que l'ivresse étincelle!
Versez, pages, buvons!...
Consacrons à l'orgie
Des jours trop tôt perdus:
Les vrais dieux de la vie
Sont Cypris et Bacchus!

(Les danses et les chants sont interrompus par des cris qu'on entend dans la coulisse.)

HUGUES.

Qu'est-ce donc? qu'y a-t-il?

SCÈNE II.

LES MÊMES, BÉATRIX, PLUSIEURS
BOURGUIGNONS.

BÉATRIX, se dégageant des mains de ceux qui l'entraînent.

Oh! par grace! par pitié!... laissez-moi, laissez moi!... (Elle parcourt le théâtre en désordre. — A Hugues.) Oh! je vous en conjure! protégez-moi, défendez-moi!... c'est par violence qu'ils m'ont entraînée, les infâmes!... Ils ont assassiné le fidèle écuyer qui m'accompagnait... oh! tenez, tenez, voyez, je suis encore toute couverte de son sang... oh! justice! justice! et sauvez-moi!...

(Elle tombe aux genoux de Hugues.)

HUGUES, relevant Béatrix.

Allons, calmez la frayeur dont votre ame est saisie, séchez les pleurs qui obscurcissent vos yeux, rassurez-vous!...

BÉATRIX.

Que je me rassure, que je sèche mes pleurs! eh! le pourrai-je donc, tant que je serai ici!... Oh! mais vous aurez pitié de moi, n'est-il pas vrai? vous allez me rendre à mon père, à mon fiancé!... promettez-le moi, et j'oublierai ce que j'ai souffert, et Dieu vous récompensera!...

HUGUES.

Que Dieu ou Satan règle ma destinée, que m'importe!... ce que je veux, c'est toi, jeune fille!...

BÉATRIX.

Moi!... moi!...

HUGUES.

Il manquait une reine à notre festin, amis, je la proclame... honneur à la plus belle!...

TOUS.

Honneur à la plus belle!...

BÉATRIX, passant la main sur son front.

Oh! mon Dieu, mon Dieu!...

HUGUES.

Allons, que l'on s'empresse!... sur sa tête une couronne de fleurs! Page, une coupe remplie!...

BÉATRIX, foulant aux pieds la couronne que Hugues a posée sur sa tête.

Oh! tremblez, tremblez d'ajouter encore à vos forfaits, de me retenir plus long-temps!... car, si puissant que tu sois, Hugues de Mersebourg, tu n'oseras pas souiller en moi le nom d'un chevalier que la Provence admire!... Allons, place à moi, place et respect à la fille de Montano!...

DIFFÉRENTES VOIX.

De Montano!...

HUGUES.

Le hasard t'a jetée entre mes mains, fille de Montano, tu y resteras; car, je le jure, nulle puissance humaine ne pourra t'en arracher!...

BÉATRIX.

Oh! tu te trompes, car mon père ne peut tarder à être informé de ce rapt infâme, et alors...

HUGUES.

Malheur à lui s'il se présente!... Que la fête continue... (Saisissant Béatrix par le bras et l'asseyant de force.) Vous, asseyez-vous là, je le veux!...

BÉATRIX.

Oh! infamie et lâcheté!... Et parmi tous ces chevaliers, pas une voix ne se fait entendre, pas un bras ne se lève pour me protéger!... oh! lâches! lâches que vous êtes!... (Avec énergie.) Eh bien! non! cela ne sera pas!.. Frappe-moi donc de ton poignard! je préfère la mort à ta présence!...

HUGUES.

Folle, folle!...

BÉATRIX.

Oui, folle, n'est-ce pas? car c'est mon déshonneur et non ma mort que tu veux... je saurai
m'en affranchir!... (*Elle court à une fenêtre.*) Cette
fenêtre!..(*On s'élance pour la retenir, elle se cramponne
avec force aux barres de fer du balcon, elle lutte.*) Vous
me tuerez, mais je ne céderai pas !

HUGUES.

Retenez-la !...

CONRAD, entrant précipitamment.

Monseigneur! monseigneur! Montano et les
notables de la ville demandent à paraître devant
vous, à l'instant même !...

HUGUES.

Montano!...

BÉATRIX.

Mon père! ah! je suis sauvée!...

HUGUES.

Entraînez-la!...

BÉATRIX.

Au secours! mon père, au secours!...

HUGUES.

Étouffez ses cris!... (*Elle se débat, on étouffe ses
cris, on l'entraîne malgré ses efforts pour se dégager.*)
Veillez sur elle... vous m'en répondez!... Et
maintenant, qu'il vienne, ce Montano..et voyons
ce qu'il osera faire!...

CONRAD.

Eh quoi! monseigneur!...

HUGUES.

Je le veux, Conrad!.. (*A tous les convives qui veulent se retirer.*) Restez... restez tous! c'est la coupe
en main qu'il faut recevoir cet insolent chevalier... Assis, messeigneurs!... Et vous, pages,
versez !...

(*Tout le monde s'assied. Les pages versent à boire.*)

TOUS.

Versez! versez!

(*Montano et les notables entrent.*)

SCÈNE III.

LES MÊMES, MONTANO, CHEVALIERS.
NOTABLES DU PAYS.

HUGUES.

Eh! bien, sire chevalier, quel motif si pres-
sant vous fait nous chercher au sein de nos plai-
sirs ?.. parlez, qu'y a-t-il? je vous écoute...

MONTANO.

Avant de répondre, sire Hugues de Mersebourg, je vous ferai observer que devant vous
sont les notables de la ville d'Avignon, que je
suis le chef de la Commanderie du Temple, et
que nous recevoir ainsi c'est insulter à la dignité
dont nous sommes revêtus, c'est manquer aux
égards et au respect qu'on se doit même entre
ennemis !...

(*Rumeurs parmi les Bourguignons.*)

HUGUES, aux Bourguignons.

Laissez, laissez!... ceci est un acte de folie
plutôt qu'une atteinte à notre puissance... (*Il
vide sa coupe.*) Poursuivez, sire chevalier, poursuivez, et voyons enfin ce qui vous amène, chef
d'une milice qui se vante de n'appartenir ni au
pape ni aux souverains temporels !...

MONTANO.

C'est que nous reconnaissons des maîtres au-
dessus de ceux-là, sire Hugues de Mersebourg:
Dieu et la patrie !...

HUGUES.

Dieu est pour les vainqueurs ; la patrie,
c'est un vain mot pour vous, car cette terre
nous appartient !... cette terre est à nous, et,
pour sceptre je porte le glaive qui vous a vaincus !...

MONTANO.

Tout sceptre est fragile, même un sceptre
de fer !

HUGUES.

Malheureux !...

MONTANO, à part.

O mon Dieu! donnez-moi la patience et
l'humilité! il y va du sang de tout un peuple,
il y va de la vie d'Alexandre de Vaudemont !...

HUGUES.

Est-ce donc pour m'apporter des paroles de
révolte que vous êtes venu, sire Templier ?...
par la Bourgogne! fussiez-vous le Grand-Maître
de l'Ordre, je vous en ferais repentir !...

MONTANO.

Il n'y a point de révolte!... j'apporte ici de
justes réclamations : ce sont les vœux de tout
un peuple!... car c'est au nom du peuple que
nous sommes ici...

HUGUES.

Et quelle est la faveur que le peuple demande
par votre bouche ?...

MONTANO.

Il demande justice, monseigneur, justice pour
un vieillard qui succombe et se meurt sous
d'indignes chaînes !...

HUGUES.

Le légat !...

MONTANO.

Qu'Alexandre de Vaudemont soit libre !...

HUGUES.

Libre, dites-vous!... m'apportez-vous assez d'or pour sa rançon ?... m'apportez-vous les
trésors qu'il fit enfouir pour les soustraire aux
vainqueurs ?

MONTANO.

Il n'eut jamais d'autre trésor que l'amour des
Provençaux!... Quant à sa rançon, qui pourrait la payer?... partout la misère et le désespoir !...

HUGUES.

Eh bien! si vous n'avez pas d'or à m'offrir
en échange de la liberté de cet homme, retournez vers ce peuple qui vous envoie, comme s'il

raitait avec moi de puissance à puissance.....
Dites-lui qu'il tremble de me déplaire , et que
ses plaintes ne peuvent appeler sur lui que des
impôts plus lourds et des lois plus sévères !...
Allez !...

MONTANO.

C'est là votre réponse , sire gouverneur?. .
Eh quoi ! avez-vous donc oublié de quel caractère Alexandre est revêtu ?... Voulez-vous qu'on
dise : Un prince chrétien a laissé mourir dans
les fers un prince de l'Église !... voulez-vous
qu'on dise : C'est au fond d'un cachot que l'ame
d'Alexandre de Vaudemont a laissé sa dé-
pouille mortelle pour s'élancer dans l'éternité?..

HUGUES.

Eh! que m'importe ce qu'on dira!... je ne relève de personne, et je ne dois à mon suzerain
de Bourgogne qu'un vain hommage que je puis
secouer !... Vous venez prier pour Alexandre !...
(Il jette sa coupe loin de lui.) Eh bien! c'est lui-
même qui va décider de son sort !... Faites des
vœux pour que son obstination fléchisse devant ma puissance et ma volonté!... il sera libre alors. — Conrad , descendez dans le cachot du légat, et amenez-le en notre présence.
— Bohermann, que ma fidèle garde se range
dans les cours du palais ; que nul ne sorte sous
peine de la vie ! —Sentinelles, veillez !... (On entend ce cri, répété de près d'abord , puis dans les
cours du palais.) Qu'on m'apporte ma couronne
ducale !... Ce n'est plus un festin, c'est un lit de
justice que nous allons tenir... Place autour de
moi !...

MONTANO, à part.

C'est un moment suprême, ô mon Dieu !...
veillez sur Alexandre et sur la Provence !

(On apporte à Hugues sa couronne ducale. Il quitte son
siège pour venir s'asseoir sur le trône; la plus grande
partie des officiers bourguignons se range derrière
lui ; des archers amènent Alexandre de Vaudemont :
celui-ci se trouve, à son entrée, près de Montano et des
seigneurs provençaux, qui s'inclinent avec respect devant lui. — Moment de silence.)

SCÈNE IV.

LES MÊMES, ALEXANDRE DE VAUDEMONT.

(Le légat regarde quelques instants autour de lui avec
étonnement et d'un œil incertain ; cependant, sa conte-
nance est assurée, et , peu à peu, sur-tout vers la fin de
la scène, son attitude devient ferme.)

ALEXANDRE.

Que me veut-on, mon Dieu !... pourquoi m'a-
voir fait quitter ma prison où j'attendais la
mort?... pourquoi m'avoir conduit en présence
de cet homme!... (Apercevant Montano et les notables provençaux.) Montano d'Almanare!... Ah!
le ciel soit loué! mes yeux auront pu s'arrêter
un instant sur un noble défenseur de la Provence!... Ah! je vous reconnais tous!... vieux
gentilshommes qui m'entouriez dans des jours
meilleurs!... (A Montano.) Viens dans mes bras,
viens sur mon cœur, mon vieil ami!...

HUGUES. Il n'a cessé de regarder Alexandre ; d'abord
il paraît interdit à son aspect, peu à peu il se raffermit
et donne cours à son arrogance.

Alexandre de Vaudemont!... ce peuple que tu
as gouverné jadis, ce peuple qui m'appartient à
moi, s'est répandu aujourd'hui dans les rues d'A-
vignon; il est là, sur cette place, silencieux et
tremblant, entends-tu? car il sait bien comment
je punis la désobéissance et la révolte! Il m'a
envoyé ces hommes qui t'entourent, et qui, en
son nom, me demandent ta liberté!...

ALEXANDRE.

Et tu as refusé , n'est-ce pas?... Qu'importe!
les Avignonais ne m'ont pas oublié, c'est une
assez grande joie pour mon cœur!...

HUGUES.

J'ai répondu que ta liberté dépendait de toi-
même... j'ai répondu que tu avais enfoui des
trésors, et qu'il me les fallait... j'ai répondu
qu'à défaut de ta rançon, que ce peuple ne veut
ou ne peut me payer, c'était à toi d'acheter le
droit de sortir de ta prison et de t'éloigner de la
Provence.

ALEXANDRE.

Ce sont là tes conditions, Hugues!... Et tu
as pensé que tu me trouverais aujourd'hui plus
faible qu'autrefois, parceque depuis long-
temps je porte mes chaînes et que mes derniers
jours sont livrés à l'outrage et aux tortures !...
Tu parles de trésors enfouis... Insensé !... lorsque tes gardes m'entraînaient dans ma prison,
je donnai ma dernière obole à un enfant d'A-
vignon qui pleurait sur mon passage et que
des soldats avaient fait orphelin! Tu me dictes
des conditions, là, sur ce trône qui m'appartient, dans ce palais où tu es entré par l'usur-
pation!... c'est à moi de te dire les miennes.
Hugues de Mersebourg!...

HUGUES.

Malheureux !...

ALEXANDRE.

Tu es entré dans la Provence avec tes hor-
des sanguinaires, et tu as été vainqueur !... tu
as pris d'assaut le palais d'un prince de l'Église ;
tu as massacré ses sujets, pillé ses biens, mal-
traité sa personne !... tu as fait plus que de vio-
ler les lois humaines ; tu as osé entrer dans la
maison du Seigneur et la souiller par le vol et
le meurtre!...

HUGUES, avec violence.

As-tu fini, vieillard!

ALEXANDRE.

Non! car je ne t'ai pas encore dit ce que j'ai
à t'offrir.

HUGUES.

Continue donc, et malheur à toi si tu n'as
pas d'autres paroles à me faire entendre!

ALEXANDRE.

Eh quoi! tu as pensé que moi, prêtre du
Dieu vivant, j'entrerais ici sans crier anathème
en voyant face à face le tyran de la Provence
désolée; en voyant sur ces tables où l'orgie est

descendue les vases sacrés dérobés au sanctuaire!... Voilà quels sont tes crimes!... (Hugues
veut l'interrompre.) Oh! écoute... écoute encore...
Dépouille-toi de ton commandement; délivre tes
prisonniers; restitue le butin que tu as fait, dis-
tribue tout ce que tu possèdes aux orphelins
dont tu as fait périr les pères, aux veuves que tu
as privées de leurs époux; jette des cendres sur
ta tête en signe de pénitence; prends le chemin
de Rome, je t'accompagnerai, et, tombant
avec toi aux genoux du Saint-Père, je solliciterai
sa miséricorde et le pardon de tes forfaits!...
Voilà ce que j'ai à t'offrir!

HUGUES, avec une fureur concentrée.

Eh bien! ai-je fait preuve de modération?
Sais-tu qu'il est bientôt franchi l'intervalle
qui sépare une prison de l'échafaud?...

ALEXANDRE.

Frappe donc!... après le sacrilége, l'assassi-
nat!... après un devoir accompli, le martyre!...
à chacun de nous sa destinée!...

HUGUES, avec colère.

Tu l'auras voulu!... A moi!... gardes!...

(Il quitte son siége; Montano se jette au-devant de lui.)

MONTANO.

Écoutez, monseigneur, écoutez! Ne jouez
pas ainsi dans un moment de colère la destinée de ce vieillard qui, du fond de sa prison,
tient fixés les regards de l'Europe... Ses dis-
cours sont sévères; mais c'est un prêtre de ce
Dieu qui nous voit et nous juge!... Croyez-moi,
quand il a maudit, il est prêt à bénir!... A défaut de ces trésors qu'on l'accuse d'avoir enfouis... et qu'il n'a jamais possédés... prenez tout
ce qui nous reste de nos domaines... à moi... à
ces seigneurs qui m'ont accompagné. (Aux Templiers et aux seigneurs provençaux.) Mes amis, à
Hugues de Mersebourg, et pour la rançon d'A-
lexandre, ces colliers, ces anneaux, ces ceintures où notre épée est suspendue, et jusqu'à
ces éperons d'or qui nous furent donnés quand
on nous arma chevaliers!...

(Montano, les Templiers et les seigneurs provençaux
détachent leurs colliers et leurs ceintures qu'ils offrent à
Hugues de Mersebourg.)

HUGUES.

Insensés! tout cela ne pourrait suffire à ra-
cheter le plus humble des pèlerins qui traversent la Provence, et j'ai pour prisonnier un
prince de l'Église.

MONTANO, à part.

L'infâme, qui ne veut pas comprendre notre
dévouement!...

SCÈNE V.

LES MÊMES, URBAIN, JEUNES SEIGNEURS.

(Bruit confus, tumulte dans la coulisse.)

URBAIN, dans la coulisse.

J'entrerai, j'entrerai, vous dis-je!... Allons!
arrière! arrière!...

HUGUES.

Que signifie!...

MONTANO.

Urbain!

(Urbain après avoir repoussé les gardes, entre en scène en
désordre. Les seigneurs qui l'accompagnent ont l'épée à
la main.)

URBAIN.

Vengeance! Montano, vengeance! Robert
ton fidèle écuyer, ils l'ont assassiné!

(Robert tout couvert de sang, entre soutenu par les jeunes
seigneurs.)

MONTANO, avec désespoir.

Robert! mon fidèle compagnon d'armes
mort! mort!...

URBAIN.

Et ta fille, Béatrix, enlevée...

MONTANO.

Enlevée!

URBAIN.

Par les Bourguignons, pour Hugues de Mersebourg!

MONTANO.

Pour Hugues de Mersebourg!

URBAIN.

Robert m'a tout dit... C'est dans ce palais
qu'ils l'ont entraînée; Béatrix est ici!...

MONTANO, à Hugues.

Ma fille! Où est-elle? où est-elle?...

HUGUES.

Ta fille est ici, et, réunis dans ce palais, vous
n'en sortirez plus!...

MONTANO.

Oh! malheur... malheur à toi!...

HUGUES.

C'est à toi de trembler.

MONTANO.

Insensé!... Mais pour déborder, la fureur
populaire n'attend que mon signal... Et songes-y, quand il se lève pour chasser l'étranger,
un peuple est tout-puissant!...

LE PEUPLE, au-dehors.

Le légat... le légat!...

MONTANO.

Entends-tu? la tempête mugit!... Hâte-toi,
rends au peuple le légat, rends-moi mon enfant!...

HUGUES.

Jamais!...

MONTANO.

Eh bien, donc! la guerre!...

URBAIN, avec enthousiasme.

La guerre!

(Ce cri est répété par les jeunes seigneurs et par tous les
Templiers qui tirent le glaive.)

HUGUES, voyant la lutte sur le point de s'engager.

Bas les armes, Montano! ou le cadavre de ta
fille va rouler à tes pieds!...

(Il tire un rideau qui est à côté du trône et l'on aperçoit
Béatrix maintenue par des soldats qui tiennent le poignard levé sur elle.)

MONTANO.

Ma fille!...

BÉATRIX.

Mon père!...

URBAIN.

Béatrix!...

LE LÉGAT.

Grand Dieu!

LE PEUPLE, avec force, au-dehors.

Le légat... le légat!...

LE LÉGAT, à Montano.

Songe à ta fille... laisse-moi mourir!...

BÉATRIX, désignant le légat.

Sauvez-le, sauvez-le!..

HUGUES, indiquant Béatrix.

Frappez, qu'elle meure!...

MONTANO, en proie à la plus vive agitation.

Arrêtez!...

HUGUES, avec ironie.

Ton épée, Montano... ou le cadavre de ta fille... Choisis!...

URBAIN.

L'infâme!...

LE PEUPLE, avec plus de force encore.

Le légat!... le légat!...

MONTANO, délirant.

Que résoudre!... Que faire!...

BÉATRIX, arrachant un poignard à un soldat et se frappant.

Votre devoir, mon père!...

(Elle vient tomber à ses pieds.)

MONTANO, avec un cri déchirant.

Ah! ma fille!... mon enfant!...

URBAIN, à Montano, qui tombe dans ses bras.

Vengeance!...

MONTANO, avec égarement, allant à la fenêtre.

A moi, peuple... à moi!... Tiens, lâche ravisseur, assassin de ma fille, voilà mon gage de combat, je te le jette au visage!...

HUGUES.

Ce fer te châtiera... Sus aux Avignonais!...

MONTANO, frappant à deux mains de son épée.

Mort aux Bourguignons!...

(Le peuple envahit le palais; les Bourguignons se précipitent. Mêlée; combat animé, le rideau tombe sur ce tableau.)

ACTE QUATRIÈME.

La prison. Une salle assez vaste. Porte d'entrée au fond. Portes latérales. Un banc et une table de pierre.

SCÈNE I.

BRISSAC, BÉRALD, LOIS, JEUNES SEIGNEURS.

(Au lever du rideau, un des jeunes seigneurs écoute attentivement à la porte du fond. Un autre tient une dalle soulevée. Bérald, à genoux, regarde dans une cavité qu'on aperçoit. Lois entre en scène du côté où est censé se trouver le cachot de Montano. Les autres personnages sont groupés dans diverses attitudes animées et inquiètes. Tableau qui se continue quelques moments après le lever du rideau.)

BÉRALD.

Il ne revient pas... (A Lois.) Eh bien, Montano?

LOIS.

Il repose toujours étendu sur la paille de son cachot...

BÉRALD.

Bien... O mon Dieu! tu as permis que cette fois encore Hugues de Mersebourg fût vainqueur... Ne sortirons-nous de ce cachot que pour marcher à la mort?... Mon Dieu, ne pourrons-nous pas nous venger!.. (Il écoute de nouveau.) Ah! je l'entends... Le voici... le voici..

(Brissac passe la tête par la cavité de la dalle soulevée, se détache péniblement et monte sur le théâtre. Bérald replace la dalle. Tous les personnages entourent Brissac. Toutes ces scènes doivent être jouées à voix basse.)

BRISSAC.

Mes amis!.. mes amis!.. le ciel favorise notre entreprise!.. A l'extrémité du souterrain que nous avons creusé dans ces trois nuits de captivité, je viens d'arracher tout-à-l'heure le dernier obstacle! mes mains se sont déchirées contre la dernière pierre, et l'air est venu frapper mon visage!.. Urbain disait vrai: c'est dans la cathédrale qu'aboutit le sillon libérateur pratiqué par ce désir de liberté qui fait des prodiges!...

BÉRALD.

Et nous n'avons pas à craindre qu'on soupçonne...

BRISSAC.

Je me suis retiré avec prudence... Dans le billet qui nous fut remis mystérieusement, Urbain, en nous instruisant de ses démarches, en nous indiquant les moyens de tracer et de diriger cette voie de salut, nous apprenait qu'il agissait de son côté, qu'il nous préparait un refuge et que d'autres amis se dévouaient pour nous!

BÉRALD.

Eh bien?...

BRISSAC.

Eh bien! je ne doute pas que dans la cathédrale même nous ne soyons attendus par ces amis inconnus... Lorsque ma main a soulevé la dalle du parvis, une voix s'est fait entendre dans cette vaste solitude... « Courage et confiance en Dieu, disait-elle! l'heure de la délivrance va sonner!.. retournez vers les « prisonniers, et veillez!... »

BÉRALD.

Ce n'est pas aujourd'hui que nous serons

libres... Et d'ailleurs, pour quitter cette prison, il faut qu'un nouvel avis d'Urbain nous parvienne!... Ne doit-il pas nous faire connaître le moment propice!... Mais, et Montano, et le légat!...

BRISSAC.

Hélas! Dieu sait si Montano, livré au désespoir, pleurant sur sa fille, consentira à accepter la liberté!... Le légat préférera peut-être le martyre!... Puissent nos prières amollir leurs résolutions!... Nous tomberons à leurs pieds, et en leur apprenant que nous avons ouvert un chemin vers la liberté, nous les supplierons de fuir avec nous et de tenter encore un effort pour la Provence!...

(On entend une porte éloignée s'ouvrir et des pas retentir dans les corridors.)

BÉRALD.

Silence!... On vient!...

(Tous les jeunes seigneurs prennent une attitude recueillie.)

SCÈNE II.

Les Précédents, un Guichetier, BEAUMANOIR, ROCHEFORT et Templiers.

LE GUICHETIER, un papier à la main.

Entrez, seigneurs chevaliers! l'ordre est en règle et signé du noble baron de Mersebourg!... (Aux jeunes seigneurs.) Debout!... s'il n'y avait pas tant de prisonniers, vous auriez chacun votre cachot et on ne vous dérangerait pas!... (Aux Templiers.) Je vais prévenir le frère Montano...

ROCHEFORT.

Non... laissez-nous... vous savez ce que porte l'ordre remis en vos mains.

LE GUICHETIER.

C'est juste!...

(Il sort.)

SCÈNE III.

Les Mêmes, moins LE GUICHETIER.

BEAUMANOIR, se détachant du milieu des Templiers et allant vers les jeunes seigneurs qui sont groupés du côté opposé.

Mes enfants, notre arrivée vous a troublés dans votre recueillement...

BRISSAC.

Seigneur chevalier, votre présence est d'un heureux augure... elle sera chère à Montano!...

BEAUMANOIR.

Nous venons vers lui comme des frères affligés, jeune homme, et vos malheurs, à vous tous qui souffrez, ont éveillé nos sympathies!...

BRISSAC.

Notre cause est sacrée, vue à travers le succès comme à travers la défaite! C'est pour cela que nous sommes résignés..

BEAUMANOIR.

Et... et Montano!...

BRISSAC.

Hélas! la destinée de sa fille a brisé son âme!... J'ai craint souvent que son génie ne se fût obscurci dans les ténèbres du délire!... Ah! puissent vos paroles lui rendre le calme et apaiser ses regrets paternels!...Le voici.

SCÈNE IV.

Les Mêmes, MONTANO.

(Montano, entre plongé dans une profonde rêverie. Beaumanoir et les Templiers vont à lui.)

BEAUMANOIR, s'inclinant.

Salut à vous, Commandeur!

MONTANO, avec étonnement.

Vous!... c'est vous, mes frères!... il m'était donc réservé de vous revoir encore! Mais comment les portes de cette prison se sont-elles ouvertes devant vous?...

BEAUMANOIR.

Par l'ordre de Hugues de Mersebourg....

MONTANO.

Par son ordre!...

ROCHEFORT.

Oui, Montano, et si vous le voulez, en rentrant à la Commanderie, nous pourrons annoncer à nos frères que vous leur serez rendu!...

MONTANO.

Que dites-vous. Rochefort?...

BEAUMANOIR.

Ecoutez : Cette nuit, Hugues nous a mandés à son palais...«Templiers, a-t-il dit, vous mourriez tous, jusqu'au dernier, pour votre Commandeur : il peut être sauvé!... qu'il jure par le Christ de s'exiler pour toujours d'Avignon : qu'il renonce en son nom et au vôtre aux possessions du Temple dans la Provence, et je brise ses chaînes... Mais, en partant, les Templiers et lui s'inclineront devant moi comme vaincus, et je livrerai vos domaines à mes Bourguignons!...»

MONTANO.

Et... et vous lui avez répondu...

BEAUMANOIR.

Nous lui avons promis de vous porter ses propositions.

MONTANO.

A moi!... à moi!...

ROCHEFORT.

A vous, car tous vos frères veulent que vous soyez libre, et chacun d'eux applaudira si vous consentez ..

MONTANO.

Oh!... Rochefort, Rochefort! j'ai le cœur brisé de mille tortures, vous le savez!... j'ai versé des larmes de sang au souvenir de ma fille morte!... J'ai vu d'un œil de désespoir la Provence retombée pour toujours peut-être dans le

servitude!... la vie m'est un fardeau pénible...
Mais, écoutez bien!... quand même, pour prix
de ce pacte abhorré, ma fille me serait rendue;
quand même Avignon se réveillerait dans son
indépendance, je jure Dieu que je me tiendrais
pour infâme si j'acceptais ce qu'on me propose!..
Croyez-vous donc que j'aie regardé comme un
stérile honneur ce commandement qui m'a été
confié?.. Montano d'Almanare livrer au tyran les
droits de la Commanderie, et passer devant lui en
inclinant notre bannière déshonorée!... Par le
Saint-Sépulcre! mes frères, quelqu'un d'entre vous
aurait dû m'estimer assez pour frapper de mort
le misérable qui m'outrageait à ce point!...

ROCHEFORT.

Montano, votre vertu vous aveugle!... ce
n'est plus vous seul que vous sauveriez, c'est
la Commanderie!... Que ferons-nous dans la
Provence lorsque nous vous aurons perdu!...

MONTANO.

Vous périrez, s'il le faut, mais en défendant
l'honneur de l'Ordre!... vous quitterez Avignon,
si vous y êtes contraints, mais sans avoir cédé
aux volontés du tyran : car pour cela, il faudrait ma sanction, et je la refuse!.. Maintenant, mes frères, retournez vers Hugues de
Mersebourg, et portez-lui ma réponse. Quand il
saura mon refus, il vous livrera passage... S'il
vous attaquait dans la Commanderie, vous trou-
veriez peut-être dans un courage désespéré et
dans notre sainte cause cette force venue de
Dieu qui souvent brise la puissance des oppresseurs!...Sinon, j'en appelle à la gloire de l'Ordre:
j'ai la confiance que, si les Bourguignons empor-
tent notre bannière, c'est qu'ils l'auront trouvée
sous les cadavres de vous tous, exterminés
jusqu'au dernier!... Adieu, mes frères, adieu!...

ROCHEFORT.

Vous quitter, et pour toujours!...

MONTANO, levant la main vers le ciel.

Que la volonté de Dieu soit faite!...

BEAUMANOIR.

Montano! Montano!...

(Les Templiers tombent à genoux.)

MONTANO.

Debout, mes frères!...debout!...(Avec émotion,
revenant sur ses pas.)Tout ce que je vous demande,
c'est de prier pour la malheureuse enfant dont
l'ame est au ciel!... Mes frères!... dites, dites
pour elle dans chapelle de la Commanderie,
et autour d'un sépulcre vide, les tristes prières
des trépassés!...

BEAUMANOIR.

Nous avons prié pour elle!...

MONTANO, à part et d'une voix entrecoupée de
sanglots.

O ma fille!... ma fille!... (Haut et cherchant à
maîtriser son émotion.) Mes frères!... nous nous
reverrons là-haut!

(Il s'éloigne rapidement.)

SCÈNE V.

LES MÊMES , excepté MONTANO.

REYNOLD.

Quelle ame fière et généreuse!

ROCHEFORT.

Oh! Montano! vous êtes la gloire vivante de
l'Ordre...

BEAUMANOIR.

Mes frères , à la Commanderie!... Dieu m'a
mis au cœur une sainte résolution... venez!...

(Il frappe à la porte : le geolier l'ouvre... ils s'éloignent rapidement.)

SCÈNE VI.

LES JEUNES SEIGNEURS, puis LE GUICHETIER,
et un MOINE.

BÉRALD.

Ah! plus d'espoir!...

BRISSAC.

Sans Montano, nul de nous ne fuira.

LE GUICHETIER.

Voici un moine de Saint-François qui est
envoyé vers vous. Entrez, mon révérend, entrez... c'est ici.

(Le guichetier sort sur un signe du moine.)

SCÈNE VII.

LES MÊMES , moins LE GUICHETIER.

BRISSAC, au moine.

Nous n'avons rien à vous dire, mon père... A
Dieu seul, qui lit au fond des ames, le droit de
nous juger et de nous absoudre !

LE MOINE, rejetant son capuchon et allant à eux.

Mes amis... mes amis!...

TOUS.

Urbain!...

URBAIN.

Silence!... silence!...

BRISSAC.

Toi... sous ce déguisement!...

URBAIN.

Les instants sont précieux... Où est Montano?

BRISSAC, indiquant le côté par où Montano est sorti.

Dans cette partie de la prison... abîmé dans
sa douleur et pleurant sur sa fille...

URBAIN.

Et lui avez-vous révélé nos projets?

BRISSAC.

Chaque fois que nous l'avons tenté, il nous
quittait en s'écriant : « Ma fille est là-haut... je
« serai trop heureux d'aller la rejoindre... »

URBAIN.

Son inflexible rigidité s'amollira; un grand

espoir m'amène... Oui, Montano vivra... pour son pays qu'il peut servir encore... pour sa Béatrix que Dieu a sauvée...

BRISSAC.

Quoi! Béatrix?...

URBAIN.

Elle existe!...Séparé de vous après le combat qui se livra dans le palais de Hugues, je pleurais sur votre destinée et sur notre défaite dans l'asile où m'avait recueilli le supérieur du monastère de Saint-François... je pleurais Béatrix!... Un ancien serviteur de mon père, entré dans le palais avec les flots du peuple, l'avait reconnue parmi les cadavres amoncelés... il l'avait vue s'agiter sous ses vêtements ensanglantés... Il l'emporta à travers la multitude pour la rendre à la vie, et grace aux soins de sa tante l'abbesse de Notre-Dame, Béatrix a retrouvé aujourd'hui une partie de ses forces.

BRISSAC.

O bonheur!... mais pourquoi ne nous avoir pas instruits plus tôt dans tes messages secrets?

URBAIN.

Je l'ignorais moi-même... c'est hier seulement que le fidèle serviteur qui sauva Béatrix parvint à découvrir ma retraite... Dès que je fus informé de cet heureux événement, je résolus de tout faire pour pénétrer dans votre prison, pour arriver jusqu'à Montano... Le supérieur de Saint-François qui me protège et qui m'aime, m'en a facilité les moyens... Un de ses moines était mandé pour vous apporter les dernières consolations de la religion... j'ai pris sa place, et à la faveur de ce déguisement toutes les portes se sont ouvertes devant moi... Nous touchons au but de votre délivrance... tout est préparé... Les amis qui vous sont dévoués nous attendent dans les caveaux de la cathédrale... Béatrix est avec eux... moi, je me suis hâté, car il fallait bien que vous fussiez prévenus... Voyons, mes amis, l'issue... où est l'issue?...

BRISSAC.

Sous cette dalle...

URBAIN.

Bien!... mais vos geôliers?...

BÉRALD.

Ne viennent jamais à cette heure...

URBAIN.

A l'œuvre, alors.. Hâtons-nous de prévenir Montano...

BRISSAC.

Mais il faut craindre pour lui ce passage subit d'une douleur cruelle à une joie sans bornes...

URBAIN.

Laissez-moi faire, ne craignez rien...

MONTANO, dans la coulisse.

Arrêtez!... arrêtez!...

URBAIN, à Brissac.

Qu'est-ce donc?...

BRISSAC.

Peut-être, hélas! encore un de ces instants qui nous font trembler pour sa raison!...

MONTANO, entrant dans le plus grand désordre.

Ma fille!... ma fille!... Elle s'est frappée... oh! morte... morte!... (Il tombe accablé.)

URBAIN, allant à lui.

Montano!

MONTANO, avec égarement.

Prenez-garde! vous aller marcher sur le cadavre de ma fille...

URBAIN.

Ah! revenez à vous, Montano. . calmez cette funeste agitation...

MONTANO, passant la main sur son front, et considérant Urbain.

Urbain... c'est toi! Je savais que tu vivais... mais te revoir, je ne l'espérais plus!... Pourquoi te hasarder ainsi?

URBAIN.

Sous ce déguisement je suis en sûreté ici... j'ai voulu vous dire moi-même que l'espérance devait se lever dans votre cœur à côté de vos souffrances amères...

MONTANO.

L'espérance, dis-tu? je ne suis pas même résigné, Urbain!... (Regardant autour de lui.) Je me croyais fort!... je suis faible!... Parce que j'avais bravé cent fois la mort sur le champ de bataille, parce que je puis regarder sans pâlir la hache du bourreau, j'appelais cela du courage et de la fermeté!... non!... Il m'est venu dans l'ame une tristesse pareille à ces orages qui ne laissent après eux que des ruines! ma tête, ma tête s'égare parfois en d'étranges vertiges! ma pensée est obscure et se brise à travers de sombres rêveries!... (frappant sur son front.) il y a là une sorte de démence, de folie!... Lorsque je suis seul, ma solitude se peuple de fantômes... Hier encore j'étais là... tristement assis à cette place... je pensais à elle... et des larmes bien amères remplissaient mes yeux...Tout-à-coup une jeune fille... vêtue de blanc... au front pâle et décoloré se dressa devant moi... je la regardais sans la connaître... quand s'approchant doucement... bien doucement... elle vint poser sa tête sur mon épaule... son souffle humectait mon visage brûlant... et d'une voix douce et caressante... elle me dit : « Mon père... c'est moi... ta Béatrix...Je ne suis pas morte, sais-tu... non... on m'a sauvée... nous voilà réunis pour ne plus nous séparer... eh bien!.. parle donc à ton enfant qui t'est rendue..» De ma bouche béante aucune parole ne pouvait sortir... Alors elle vint se mettre à genoux là... là... (il s'assied sur un banc de pierre et indique que c'est à ses pieds que Béatrix se mettait.) devant moi... et prenant mes deux mains dans ses mains froides, glacées... elle les pressait avec force en m'agitant comme pour me tirer de ce sommeil de plomb qui pesait sur moi... Puis d'une voix dont les accents me font encore tressaillir, elle me répéta : «Mon père, je ne suis pas morte!...» Oh! alors, je me dressai devant elle .. j'étendis mes bras pour la saisir... pour la presser sur mon cœur.... Tout-à-coup un bruit de chaînes se fait entendre, je m'éveille... et au lieu de ma fille j'aperçois un homme au visage hideux !... je recule d'horreur... c'était son assassin... c'était Hugues... j'avais rêvé !

(On entend frapper à la dalle.)

BRISSAC.

On a frappé... on frappe à cette dalle...

URBAIN.

Ce sont nos amis, c'est le signal convenu... levez, levez cette dalle.

(Brissac et Loïs soulèvent la dalle.)

BÉATRIX.

A moi!... à moi!...

BRISSAC.

Une femme!...

URBAIN.

Ciel!... Béatrix... oh! aidez-la... aidez-la... (A Montano.) Montano! Montano!...

BRISSAC, penché sur la cavité.

Ma main... prenez ma main...

URBAIN.

Montano... écoutez, écoutez-moi : si réellement échappée à la mort, Béatrix vous apparaissait, si le ciel la rendait à vos embrassements?...

MONTANO.

Ma fille! ma fille!... est-ce donc ainsi que tu prends pitié de mon délire?...

URBAIN.

Eh bien... oui, Montano... elle existe !...

MONTANO.

Ma fille !...

URBAIN.

Vous allez la revoir.

MONTANO, passant la main sur son front et saisissant le bras d'Urbain comme pour s'assurer s'il n'est pas encore le jouet d'un songe.

Revoir mon enfant?... mon Dieu!... faites que tout ceci ne soit point encore un songe!... La revoir, dis-tu?...

BÉATRIX, se jetant dans les bras de son père.

Mon père !...

MONTANO.

Mon enfant!... mon enfant!...

(Il l'embrasse avec transport.)

BÉATRIX, tombant à genoux.

O mon Dieu! je te remercie... tu as eu pitié de moi... daigne achever l'œuvre si bien commencée !...

MONTANO.

Pauvre Béatrix !...

BÉATRIX.

Je vous revois, mon père, toutes mes souffrances sont oubliées...

MONTANO.

Ma Béatrix chérie... elle existe... la voilà...

On ne meurt pas de bonheur... Mais comment se fait-il ?

BÉATRIX.

Plus tard... plus tard... Écoutez-moi... le temps presse... Chaque instant qui s'écoule est une torture pour mon cœur... Et si nous étions surpris, si vous ne consentiez pas à me suivre par ce passage qui m'a amenée dans vos bras... je deviendrais folle, mon père, je mourrais!...

MONTANO, l'interrompant.

Eh quoi!...

BÉATRIX.

Oui, votre délivrance est certaine... oui, par cette issue pratiquée sous les murailles de la prison, vous atteindrez le parvis de la cathédrale... vous y êtes tous attendus... Eh quoi! vous vous taisez... vos regards se détournent des miens... hésiteriez-vous ?... Par grace, par pitié... répondez-moi... répondez-moi...

MONTANO.

Fuir, dis-tu? moi... jamais, jamais!...

URBAIN.

Non pas fuir... mais combattre et vaincre..

MONTANO.

Combattre!...

URBAIN.

Oui, les Commanderies de Marseille et de Toulouse sont en marche... Montano, vous pouvez encore sauver la Provence...

MONTANO.

La sauver... être libre, sans avoir acheté la liberté par des conditions!... Oh! Urbain, merci à toi, qui m'as rendu ma fille et qui me rends à mes frères!... Oui, Béatrix, tu as bien fait de te montrer à ton père! ta présence l'a réveillé!... Amis, Dieu m'a rendu ma fille, Dieu bénira notre entreprise!

URBAIN.

Il faut nous hâter... Mais, Béatrix, vous êtes épuisée... vous ne pourrez entreprendre de nouveau ce périlleux trajet...

BÉATRIX.

Je le pourrai... je le pourrai, pour mon père...

URBAIN.

Eh bien! je vais vous guider... Allons... allons!...

(Urbain jette à terre sa robe de moine et descend dans la cavité. A peine a-t-il disparu qu'on entend du bruit à la porte du cachot.)

BRISSAC.

J'entends venir...

URBAIN.

Grand Dieu!

(Les jeunes gens replacent la dalle.)

BÉATRIX.

C'en est fait...

MONTANO.

Ma fille, prends cette robe... cache-toi à leurs yeux!...

(Il lui jette la robe de moine sur les épaules.)

SCÈNE VIII.

Les Mêmes, LE GEOLIER, CONRAD, Gardes, Bourguignons.

MONTANO.

Que voulez-vous ?...

CONRAD.

Nous venons vous lire votre sentence.

BÉATRIX.

Mon père...

MONTANO.

Silence, ma fille...prends garde de te trahir...
(A Conrad.) Nous écoutons.

CONRAD, lisant.

Ce jourd'hui 5 juillet 1282, sont condamnés
à mort, pour crime de révolte envers haut
et puissant baron Hugues de Mersebourg:
Alexandre de Vaudemont, Montano d'Almanare, Bérald de Castelnau, Loïs de Villeneuve
et Reynold de Brissac. En outre, voulant tuer
à jamais la révolte et donner un exemple éclatant de sa haute justice, sir Hugues de Mersebourg ordonne qu'avant d'être conduit à
l'échafaud, Montano d'Almanare, chef et mo-
teur de la rébellion, soit promené dans toute
la ville après que le bourreau lui aura brûlé
les yeux avec un fer rouge. (Mouvement d'horreur.) Le présent arrêt sera exécuté immédiate-
ment.

BÉATRIX, d'une voix étouffée.

Ah!... mon père!...

BRISSAC.

Horreur!...

MONTANO, avec résignation.

Dieu ne le voulait pas!

CONRAD, à ses soldats.

Qu'on sépare les prisonniers !

(Les jeunes gens viennent entourer Montano, mais les
gardes les forcent à s'éloigner; pendant ce temps d'autres ont attaché les mains à Montano, le bourreau entre
accompagné de son aide, portant un réchaud ardent
dans lequel sont les fers à rougir.)

CONRAD, au bourreau.

Faites votre devoir...

(Il sort suivi de ses gardes.)

SCÈNE IX.

MONTANO, BÉATRIX, LE BOURREAU.
SON AIDE.

MONTANO, bas à Béatrix.

Retire-toi, ma fille, n'assiste pas à ce spectacle affreux...

BÉATRIX, avec désordre.

M'éloigner... oh! jamais, mon père, jamais!

LE BOURREAU, s'adressant à son aide.

Eh bien! qu'as-tu donc... comme tu trem-
bles?

L'AIDE.

Moi, rien, je suis prêt...

BÉATRIX, rejetant sa robe de moine et se précipitant
aux genoux du bourreau.

Oh! arrêtez... arrêtez!...

LE BOURREAU.

Une femme!...

BÉATRIX.

Je vous en supplie, n'exécutez pas cet ordre
épouvantable, attendez encore... Donnez-moi
le temps de courir jusqu'au palais bourguignon... j'obtiendrai sa grace... on ne résiste pas
à la voix d'une fille qui prie pour son père!...

LE BOURREAU.

Sa fille!...

MONTANO.

Béatrix... tu me brises le cœur... je t'en supplie, éloigne-toi...

BÉATRIX, se relevant des genoux du bourreau et courant à son père.

Non, mon père... non, je reste... Pour arriver jusqu'à vous... il faudra qu'ils me tuent... je
ne vous quitterai pas, mon père!...

L'AIDE, au bourreau.

Je ne pourrai jamais... j'y renonce...

LE BOURREAU, tirant un poignard caché dans sa poitrine.

Tu as bien fait... car sans cela je t'aurais
tué!...

BÉATRIX.

Qu'entends-je?...

MONTANO.

Que dit-il?...

LE BOURREAU rejette le capuchon qui déguise ses
traits, et l'on aperçoit l'homme du peuple qui s'est jeté
aux genoux de Montano dans la Commanderie.

Mais regardez-moi donc bien, Montano.....
Est-ce que vous ne vous souvenez plus que dans
la Commanderie vous avez sauvé ma femme
et mon enfant!... que vous m'avez arraché au
poignard des Bourguignons... Il manquait un
bourreau à Hugues de Mersebourg... je me suis
fait bourreau, moi...mais pour vous sauver!...

MONTANO.

Me sauver!...

BÉATRIX, avec joie.

Mon père!...

(La porte du fond s'ouvre violemment, Hugues de Mersebourg paraît sur le seuil.)

HUGUES.

Et moi je me suis fait geolier... tu ne m'é-
chapperas pas, Montano!

(A la vue de Hugues, Béatrix pousse un cri déchirant et
tombe évanouie aux pieds de son père... on aperçoit dans
le fond le légat et les jeunes seigneurs enchaînés et
maintenus par des soldats bourguignons. — Tableau.)

ACTE CINQUIÈME.

La grande place d'Avignon. — Au lever du rideau, on aperçoit au fond du théâtre les marches de l'échafaud dressé dans la coulisse. Des groupes animés sont répandus sur divers points de la place, ou la parcourent en silence, mais avec agitation. Des patrouilles traversent la foule, qu'elles font ranger brusquement. — Tableau animé d'un commencement d'émeute.

SCÈNE I.

RENÉ DE HAUTEVILLE, habillé en pèlerin, au milieu d'un groupe; HOMMES et FEMMES DU PEUPLE.

RENÉ, à voix basse à ceux qui l'entourent.

Je vous dis que si vous laissez consommer le sacrifice, c'en est fait d'Avignon... c'en est fait de la Provence!... Nul chrétien n'osera mettre le pied sur cette terre où seront tombées les têtes de tous ces martyrs!... Si cet échafaud dévore sa proie, Dieu détournera sa face de cette ville!...

DEUXIÈME HOMME DU PEUPLE.

Mais que faire?... que faire?...

RENÉ.

Résister et combattre!...

L'HOMME DU PEUPLE.

Et des armes!...

RENÉ.

Vous en trouverez!...

(René quitte ce groupe et se mêle à un autre.)

PREMIER HOMME DU PEUPLE, accourant.

Toute la ville est en rumeur!... j'ai parcouru divers quartiers... par-tout la nouvelle du supplice qui se prépare a fait naître des transports d'indignation et d'horreur!... Urbain et plusieurs de nos amis excitent le peuple contre les Bourguignons!...

UN OFFICIER BOURGUIGNON, à la tête d'une escouade.

Place! manants, place!...

(Il pousse rudement et renverse le premier homme du peuple qui se relève avec une fureur concentrée.)

PREMIER HOMME DU PEUPLE.

Damnation!... Mes amis! on se bat sur la place Saint-Jean et dans la rue des Cordeliers!... tenez! écoutez le tocsin!... (On entend le tocsin.) le tocsin!... Savez-vous que Hugues de Mersebourg a menacé de faire mettre le feu à la ville?...

TOUS.

Oh!...

PREMIER HOMME DU PEUPLE, retroussant ses manches.

Ah çà! est-ce que nous allons nous laisser égorger comme des agneaux, mille tonnerres!...

TOUS.

Non! non!... mais qui nous guidera?...

URBAIN, entrant vivement.

Moi!...

TOUS.

Urbain!...

SCÈNE II.

LES PRÉCÉDENTS, URBAIN.

URBAIN.

Avignonais!... le moment est venu de secouer le joug de la Bourgogne!... Dieu vous bénira, car votre cause est juste et sacrée!..... Dieu vous suscite des défenseurs, car les Commanderies de Marseille et de Toulouse sont aux portes de la ville!... Laisserez-vous périr de la main du bourreau Alexandre de Vaudemont, ce saint vieillard, et Montano, l'honneur de notre cité, et tous ces braves condamnés pour avoir voulu vous faire libres!...

TOUS.

Non... non!...

URBAIN.

Resterez-vous en arrière de vos frères qui combattent déjà dans les rues d'Avignon?... Suivez-moi, vous aurez des armes!...

TOUS.

En avant!... des armes!... des armes!...

(Bruit de trompettes et de tambours. Entre Conrad à la tête d'une troupe de Bourguignons.)

SCÈNE III.

LES PRÉCÉDENTS, CONRAD, BOURGUIGNONS; MOINES, qui se rangent au fond du théâtre.

CONRAD, l'épée à la main.

Habitants d'Avignon, écoutez ce qu'ordonne le haut et puissant baron Hugues de Mersebourg : « La ville d'Avignon est considérée « comme ville conquise par la force!... peine de « mort à quiconque prendra part à une ten- « tative de révolte!... silence dans la cité!... « dispersion des groupes par les armes!... » Obéissez!...

URBAIN et LE PEUPLE.

Jamais!... jamais!...

CONRAD.

Sus au peuple!

(Au moment d'en venir aux mains, René de Hauteville entre en scène en agitant l'étendard de l'Ordre.)

RENÉ.

A moi, frères... Beauséant!... à la rescousse le Temple!...

(A ce cri, tous les moines se dépouillent de leurs robes et l'on aperçoit les Templiers; ils tirent le glaive et se précipitent avec le peuple sur les Bourguignons en répétant leur cri de guerre.)

TOUS LES TEMPLIERS.

A la rescousse !...

URBAIN et LE PEUPLE.

Aux Bourguignons !...

(Les Bourguignons sont dispersés et fuient en désordre.)

URBAIN, au peuple.

A présent, frères... à bas, à bas cet échafaud !..

TOUS.

Oui, à bas !... à bas cet échafaud !...

(L'échafaud est brisé; on en traîne les débris sur le
théâtre.)

RENÉ.

Nos frères de Marseille et de Toulouse sont
à la porte du Nord...

ROCHEFORT.

Courons la briser à coup de haches !...

RENÉ, en agitant l'étendard.

Sus au Taureau de Bourgogne !...

LES TEMPLIERS, suivant René.

Au Taureau de Bourgogne !...

URBAIN, au peuple.

Et nous , à la prison !...

TOUT LE PEUPLE.

A la prison !...

(Ils sortent en courant.)

CONRAD, blessé, rentrant en scène.

Malédiction !... malédiction !... l'épouvante
gagne nos soldats !... (S'adressant à Hugues de
Mersebourg, qui entre vivement suivi d'un groupe de soldats.) La révolte va-t-elle naître et grandir sous
chacun de nos pas !...

SCÈNE IV.

CONRAD, HUGUES DE MERSEBOURG,
OFFICIERS BOURGUIGNONS.

HUGUES , l'épée à la main.

La révolte sera anéantie, Conrad !... mon
épée se faussera à tomber et retomber sur ces
misérables !... la ville va redevenir silencieuse ,
le Taureau de Bourgogne va passer, et tout se
courbera devant lui !... Qu'on redresse cet
échafaud... que le bourreau prépare sa hache !
vous assisterez au supplice des traitres... (A ses
officiers.) Suivez-moi... Aux rebelles !... aux rebelles !...

(Tous sortent l'épée à la main. — Bruit continu au dehors. Tocsin. Musique forte. Cliquetis d'armes.)

SCÈNE V.

BÉATRIX, FEMMES DU PEUPLE.

BÉATRIX , pâle , les cheveux épars.

Par tout ce que vous avez de cher en ce
monde, par tout ce qu'il y a de sacré, suivez-
moi, suivez-moi !... Vous aussi, vous avez vos
douleurs ou vos craintes affreuses !...Vos pères,
vos époux ou vos enfants peuvent aussi périr

sous vos yeux !... Ne ferons-nous rien, nous
autres, quand ceux que nous aimons sont
attendus par le bourreau, ou combattent pour
la Provence !... Mon père !... mon père !...

UNE FEMME, accourant.

Les prisonniers sont délivrés, ils ont des
armes !...

BÉATRIX.

Ah ! merci, mon Dieu !... l'épée de Montano
est forte et puissante !... (Aux femmes.) Mais
les Bourguignons sont nombreux !... s'ils allaient l'emporter encore !..... Il faudrait !.....
(comme cherchant une pensée.) il faudrait !... ah !...
(Elle court prendre une torche parmi celles qui sont à
côté d'un bûcher placé sous l'échafaud.) Le feu au
palais de Mersebourg !...

LES FEMMES, prenant des torches.

Le feu !... le feu !...

(Elles sortent par le fond, Béatrix à leur tête. — Conti-
nuation de bruit et de cris. Un groupe de soldats bourguignons traverse le théâtre en fuyant.)

SCÈNE VI.

HUGUES , aux Bourguignons qui fuient.

Vous fuyez !... lâches, vous fuyez !... arrêtez !... ils n'entendent plus la voix de leurs chefs..
les misérables !... oh ! mais n'importe, seul je
résisterai, seul je combattrai !...

(Montano entre par la gauche de l'acteur près de l'avant-
scène. Hugues est à l'angle opposé.)

MONTANO , posant en terre la pointe de son épée, et
s'appuyant sur le pommeau.

Enfin !...

HUGUES.

Montano !...

(Tous deux se regardent un instant en silence. — Pendant
toute cette scène on entend dans l'éloignement le bruit
du combat entre les Bourguignons et le peuple. Le
tocsin continue. Les reflets d'un vaste incendie doivent
éclairer le visage des deux combattants.)

SCÈNE VII.

MONTANO, HUGUES.

MONTANO.

Vas-tu crier merci, sans avoir combattu?

HUGUES.

Vas-tu tomber à genoux?...

MONTANO.

Peut-être !... quand tu seras dans la pous-
sière , et qu'il faudra t'achever !...

(Ils font quelques pas l'un vers l'autre.

HUGUES.

Je veux te prendre au bourreau !... Tu mour-
ras !....

MONTANO.

Non !... je vais te tuer, et la Provence sera
libre !... Dieu est pour moi !...

HUGUES.

Soit!... pour moi l'enfer!...

(Le combat commence avec le plus vif acharnement.)

MONTANO.

Tu chancelles!...

HUGUES.

De rage! (Pour respirer un instant ils suspendent le combat.) Si nous pouvions nous calmer, nous frapperions mieux!...

MONTANO.

J'étouffe!...

HUGUES.

Bois ton sang qui coule!...

MONTANO.

Tu mens!...

(Ils reprennent le combat avec acharnement. — Cris dans la coulisse : *Vive Bourgogne!*)

HUGUES.

Entends-tu les cris de victoire de mes Bourguignons?...

. (Autres cris : *Victoire au Temple!*)

MONTANO.

Non!... mais les cris de triomphe des Avignonais!...

HUGUES.

La ville brûle...!

MONTANO.

C'est le palais que tu as souillé... Tu es blessé...!

HUGUES.

Moins que toi!...

MONTANO.

Tu recules!...

HUGUES.

Pour mieux t'atteindre... (Ils se jettent de nouveau l'un sur l'autre. — Lutte terrible. — Silence d'un instant.) Mais qui donc tombera?...

MONTANO, lui portant un coup terrible.

Toi!...

HUGUES, tombant.

Ah!...

MONTANO, lui appuyant un pied sur la poitrine, et lui posant la pointe de son épée sur la gorge.

Je suis soldat du Christ!... Ton heure est venue!... repens-toi de tes crimes!...

HUGUES, relevant la tête.

Non!...

MONTANO.

Meurs donc!...

(Il le tue. — Montano reste immobile, l'épée haute, le pied posé sur le cadavre de Hugues. — Cris rapprochés et retentissants. — Le peuple, les Templiers envahissent la scène.)

SCÈNE VIII.

MONTANO, BÉATRIX, URBAIN, Peuple, Soldats, tous les Templiers; puis LE LÉGAT, porté en triomphe.

URBAIN, entrant.

Avignon est libre!...

MONTANO.

Et voilà le tyran!...

TOUT LE MONDE.

Mort!...

BÉATRIX.

Mon père!...

MONTANO.

Ma fille!...

(Le légat est apporté en triomphe.)

LE LÉGAT.

Gloire à Dieu!... gloire à vous, libérateurs d'Avignon!...

MONTANO, au légat.

Le peuple est libre, il vous rend la couronne!... (Aux Templiers, en prenant le *Beauséant*.) Frères, encore une victoire à inscrire sur ce noble étendard!... Et vous, Avignonais, si l'étranger vous menaçait encore, n'oubliez jamais votre cri de guerre... *Dieu, Provence et Liberté!*...

TOUT LE MONDE.

Gloire à Montano!...

(Montano presse Urbain et Béatrix sur son cœur; le légat élève ses bras vers le ciel; les Templiers agitent leurs drapeaux et leurs armes : joie du peuple. — Tableau.)

FIN DU CHEVALIER DU TEMPLE.

PARIS. — IMPRIMERIE NORMALE DE JULES DIDOT L'AÎNÉ,
boulevard d'Enfer, 4.